HEYNE BÜCHER

W0363206

Antiquitäten

Albrecht Bangert / Gabriele Fahr-Becker

ART DECO

Möbel und Glas · Schmuck und Malerei

Originalausgabe

WILHELM HEYNE VERLAG
MÜNCHEN

HEYNE RATGEBER ANTIQUITÄTEN
08 / 9306

Printed in Germany 1992
Umschlaggestaltung: Atelier Adolf Bachmann, Reischach
Redaktion: Elisabeth Blay
Layout/Herstellung: Helmut Burgstaller
Satz: Layout & Grafik 1000, München
Druck und Bindung: RMO, München

ISBN 3-453-04984-5

EMILE-JACQUES RUHLMANN. *Interior Design um 1925.*

Inhalt

Einleitung

Lebensstil und Lebensgefühl der zwanziger Jahre

»Will man eine Zeit beschreiben, so ist nicht so wichtig, was überlebte, als was am stärksten in ihr lebte« (Ludwig Marcuse). Die Epoche, die hier zu beschreiben versucht wird, ist in ihrem dekorativen Aspekt weltweit unter dem Begriff Art Déco bekannt. Obwohl man den Terminus für die angewandte Kunst (das heißt für Möbel, Bibelots, Glas und Keramik, aber auch für die Mode dieser Jahre) verwendet, so verbindet sich mit ihm doch zugleich etwas, was das Lebensgefühl dieser Zeit charakterisiert –

ein Lebensgefühl, das vor allem die Gesellschaft jener Ära betrifft, die wir mit den ›Roaring Twenties‹ identifizieren. So repräsentieren die kunsthandwerklichen Objekte zugleich die Sehnsucht nach dem ›High Life‹, sie stellen die Träume dieser Epoche dar – nicht ihre Wirklichkeit. Kunst und Künstlichkeit sind identisch. Und wenn wir an die ›Szene‹ denken, dann steigen Bilder vor uns auf, und wir lassen sie Revue passieren: die Idole zwischen Krieg und Krieg, die Filmstars, Lieblinge des Publikums, die Künstler, Literaten und Theaterleute. Und dann einen jungen Amerikaner mit Lockenkopf namens Charles Lindbergh. Mit einem kleinen, zweimotorigen Flugzeug, ›Spirit of Saint Louis‹, überflog er zum ersten Mal den Ozean.

Zu diesem Zeitpunkt war der Luftverkehr zwischen Berlin und Weimar oder zwischen New York und Washington bereits zur Selbstverständlichkeit geworden. Zum ersten Mal rollten in den neuen schnellen D-Zügen größere Reisegesellschaften durch Amerika, und von Amerika zum alten Kontinent nahm der Schiffsverkehr ein bis dahin unbekanntes Ausmaß an. 1927 durchfuhren den Suez- und Panamakanal bereits mehr als zehntausend Schiffe.

Junge Ärzte, Rechtsanwälte, Vertreter und Hochzeitsreisende saßen selbst am Steuer und lenkten die neuen Limousinen und Cabriolets durchs Land. 1924 wurde zusammen mit einer Funkausstellung die erste Automobilausstellung in Berlin eröffnet. Ende der zwanziger Jahre zählte man in der Welt bereits 36 Millionen Autos. Der Weltverkehr wurde zu einer Macht wie nie zuvor, wirkte er doch mittels eines durch ihn erwirkten, neuen Zeitgefühls auf jeden ein.

In all diesen Ereignissen ist ohne Zweifel die Vorliebe der zwanziger Jahre für eine atmosphärelose Präzision, für kühl-diskrete Farben, für harten, metallischen Glanz und für elegant gezogene Konturen zu suchen. Die gleichsam ideologisch bedingte Scharfkantigkeit, Prägnanz, Helligkeit, Transparenz, Materialsensibilität und Überschaubarkeit wurden ebenfalls dadurch evoziert.

Seite 10/11
HENRI SAUVAGE
Ausstellungspavillon für die ›Exposition Internationale des Arts Décoratifs et Industriels Modernes‹, Paris 1925. Das Kaufhaus Printemps ließ sich zur Weltpremiere des Art-Déco-Stils vom Pariser Architekten Sauvage einen Tempel des Luxus und der Moden aus Beton und Glas errichten. (L'Illustration 1925)

Neue Konventionen wurden geboren. Amerikanische und russische Einflüsse begannen in ganz Europa wirksam zu werden, die Flagge sexueller Freiheit wurde gehißt. Isadora Duncan und Diaghilew befreiten den Tanz, Gertrude Stein die Sexualität. Jean Cocteau, der Prinz der Homosexuellen, wurde zum Symbol einer neuen Liebe.

Als man Bernard Shaw fragte, wer für ihn die beiden berühmtesten lebenden Frauen wären, antwortete er ohne zu zögern, Madame Curie und Coco Chanel. Diese Antwort charakterisiert vollkommen die Epoche. Der eine faszinierende Aspekt war die Entdeckung des Radiums durch eine Frau, der andere die Welt, wie sie Coco Chanel symbolisierte und gestaltete.

Die beiden großen Ausstellungen über die zwanziger Jahre, 1973 in Zürich und 1977 in Berlin, tragen bezeichnenderweise die Titel: ›Die Zwanziger Jahre – Kontraste eines Jahrzehnts‹ und ›Tendenzen der Zwanziger Jahre‹. Schematisieren läßt sich diese Zeit nicht, Aspekte lassen sich jedoch aufzeigen. In besonderem Maße war die Zeit des Art Déco die Zeit – vielleicht die letzte – der Einzelpersönlichkeiten, der Einzelgänger, der Exzentriker. Ihr Leben ist gleichsam Spiegelbild der Epoche, einige von ihnen sollen in diesem Band vorgestellt werden.

Ist der Begriff ›Art Déco‹ auch ein Terminus für die angewandte Kunst, verbindet sich mit ihm doch zugleich etwas, was das Lebensgefühl dieser Zeit charakterisiert – ein Lebensgefühl, das vor allem die Gesellschaft dieser Jahrzehnte betrifft, was wir mit den ›Roaring Twenties‹ identifizieren. Modejournale wie ›Vogue‹, ›Harper's Bazar‹, ›Gazette du Bon Ton‹, ›Jardin des Modes‹ präsentieren die Leitbilder des ›guten Geschmacks‹.

MÖBEL UND INTERIEUR

Art Déco, dieser facettenreiche, aufregendste dekorative Stil des zwanzigsten Jahrhunderts, florierte etwa zwischen 1912 und 1939 und leitete die Epoche der Innenausstattung als Gesamtkonzept ein. Von seinen Anfängen in Paris bis zur Stromlinien-Moderne in Amerika verwendete er die verschiedenartigsten Elemente und Materialien: mit Ebenholzfurnier und Elfenbeineinlagen verzierte Möbel, kostbar lackierte Paravents, in ägyptischer Manier dekorierte Salons, schlichte Stahlrohrstühle, bizarre Wand- und Deckenleuchten – modisches Gespür und phantasievoller Einfallsreichtum fanden hier ihre Vollendung.

Durch den Einsatz neuer Techniken und Materialien – wofür man ebenso das traditionelle Handwerk wie die junge Gruppe von Industriedesignern heranzog – war Art Déco der erste wirklich moderne Innenausstattungsstil.

Seite 14
WILLIAM VAN ALEN
Aufzugstüren für das Chrysler-building, New York 1928/30.

Französische Interieurs – Pariser Ensembliers: Perfektion, Tradition und Mode

Der gute Geschmack und die klassische Eleganz der Glanzzeit des Art Déco beweist sich am besten in den großartigen Pariser Interieurs der zwanziger und der frühen dreißiger Jahre. Wobei sich in Frankreich die Mehrzahl der Ebenisten, Kunsttischler und Interieurdesigner auseinanderzusetzen hatten mit dem aus einer neuen Gesellschaftsordnung entstandenen Konflikt der Entscheidung zwischen möglichst in großer Stückzahl reproduzierbarem und damit ›sozialem‹ Design und ›elitärem Design‹ für eine betuchte und geschmacksbetonte Minderheit. So stellte *Emile-Jacques Ruhlmann* (1879–1933), der größte Ensemblier seiner Zeit, dem es nicht allein darum ging, neue Strukturen zu schaffen, sondern kostbare Einzelstücke im Zeitgeist zu fertigen, 1916 fest: »Es war ein großer Irrtum, sich an die Mittelschicht zu wenden, um eine Richtung zu weisen oder einen Geschmack zu lancieren. Zu keiner Zeit hat man neue Kreationen dieser Schicht zugedacht. Sie sind stets als Antwort auf die Wünsche einer Elite entstanden, die den Künstlern großzügig, ohne zu rechnen, Zeit und Geld zur Verfügung gestellt hat, um nach langwierigen Vorbereitungen und Versuchen Höchstleistungen in der Ausführung zu erzielen. Ich bin überzeugt, daß man auf diese vernünftige Formel zurückgreifen sollte.«

JULES LELEU
Runder Teppich aus Wolle, ca. 1930. Die Firma Leleu gehörte zu den berühmtesten Innenausstattern und Vertretern der traditionellen Richtung des Art-Déco-Stils.

Emile-Jacques Ruhlmann, der Perfektionist

Pünktlich um 9.00 Uhr früh, wie jeden Morgen, fuhr ein schwarz-weiß lackierter ›Delage‹ in der Rue de Quessant in Paris vor. Die Wahl eines solchen Wagens ließ auf die Einstellung des Besitzers schließen: »Ne faire qu'une chose mais la faire bien« (Nur *eine* Sache tun, die aber gut!) war der Wahlspruch eines der berühmtesten Art-Déco-Stilisten. Auf das D8-Fahrgestell hatte sich der Besitzer nach eigenen Entwürfen eine Karosserie bauen lassen, perfekt und formschön, wie es für einen so prominenten Besitzer angemessen schien. Aber nicht nur die Karosserie-Entwürfe seiner Fahrzeuge mußten formvollendet sein, selbst die Kleidung und die spitzen Schuhe wurden nach Entwürfen dieses Perfektionisten maßgeschneidert. Emile-Jacques Ruhlmann vereinigte in sich zwei Qualitäten, um zum größten Ebenisten unseres Jahrhunderts zu werden: das sichere Gefühl für Form und einen ins Extrem gehenden Hang zum Perfektionismus.

EMILE-JACQUES RUHLMANN *Kommode ›Grande Cannelée à Redents‹ aus Wurzelholz und Elfenbein, 1923. Ruhlmann galt als die Adresse für Luxuseinrichtungen.*

Wie jeden Morgen betrat ›Le patron‹ seine Ateliers, um mit seinen sechzehn dort tätigen Designern Entwürfe und Ausführung zu überwachen. Denn gerade die Details, die Ausführung und die ›Douce clarté‹ im Möbeldesign waren oberstes Gebot des Meisters, der nicht die geringsten Zugeständnisse an einen populären Zeitgeschmack duldete.

Ruhlmann entstammte einer protestantischen Familie aus dem Elsaß, die in Paris ein Malergeschäft betrieb. Hier begann auch die Karriere des Meisterdekorateurs. 1913 fiel er durch seine ›pieds fuseaux‹ auf. Das Rezept, Möbel auf spitze Füße zu stellen, blieb ein Charakteristikum seines Stils, ergänzt durch geschweifte, scharfe Kanten, die an den mondänen Schick der Messerschnitt-Karosserien eines Rolls-Royce erinnern. Die Linienführung, ähnlich wie bei Autokarosserien durch Chrom, wurde an den Möbeln durch zarte, präzis geschnittene Linien aus Elfenbein unterstrichen. Galuchat (geschliffene Knochenplatten des Rochen) und feine, meist helle Edelhölzer garantierten höchstmögliche Qualität. Für ein elegant geschwungenes Doppelbett wandten seine Mitarbeiter, den Stundenberichten nach, sage und schreibe 1200 Arbeitsstunden auf. Das Werk aus feinem Vogelaugenahorn kostete dementsprechend 1924 schon 79 000 Francs.

In seinem Laden in der Rue de Lisbonne kosteten die typischen Ruhlmann-Kommoden, leicht bauchig geschwungen, nahezu schmucklos, so daß nur die Struktur des Holzes seine Wirkung tat, 79 000 Francs und die für Damenboudoirs beliebten Coiffeusen in Standardausführung 46 800 Francs. Allein 400 000 Francs wendete der mondäne Ebenist aus eigener Tasche auf, um zum Selbstkostenpreis auf der Super-Art-Déco-Schau 1925 sein ›Hôtel d'un Collectionneur‹ aufs sparsamste, aber effektvoll auszustatten.

Zum tonangebenden Einrichter der zwanziger Jahre kamen nicht nur Franzosen, sondern Kunden aus der ganzen Welt: Der englische Herrenausstatter Yardley ließ sich seine Niederlassung in Old Bond Street nach Ruhlmann ein Vermögen kosten, der Maharadscha von Indore führte seine Amtsgeschäfte von einem großen Ruhlmann-Büro aus Palisander. Mit edelsten Rauchtischen und mondänen, scharf geschnittenen Clubsesseln war der 1926 neu ausgestattete ›Grand Salon‹ im Elysées-Palast bestückt. Als echter Designer, für den ein Auto genauso wie ein Möbelstück eine Gestaltungsaufgabe darstellte, war Emile-Jacques Ruhlmann einer der ersten, der Entwürfe für Metallmöbel fertigte. Ob in vernickeltem Stahl, in Palisander oder feinstem Leder – Ruhlmann-Designs lassen sich stets an der speziellen Linienführung erkennen: Sie ist mondän geschweift und dort sparsam, wo sie den preziösen Effekt des Mobiliars unterstreicht. Der große, oft monumentale Effekt entsteht aus gekonnter Kombination der Linienführung und Materialdichte.

Einen besonderen Charme haben Möbel von Ruhlmann, die der Pariser Lackspezialist *Jean Dunand* (1877–1942) zu goldenen, kupferroten oder korallenfarbenen Edelgebilden verwandelte.

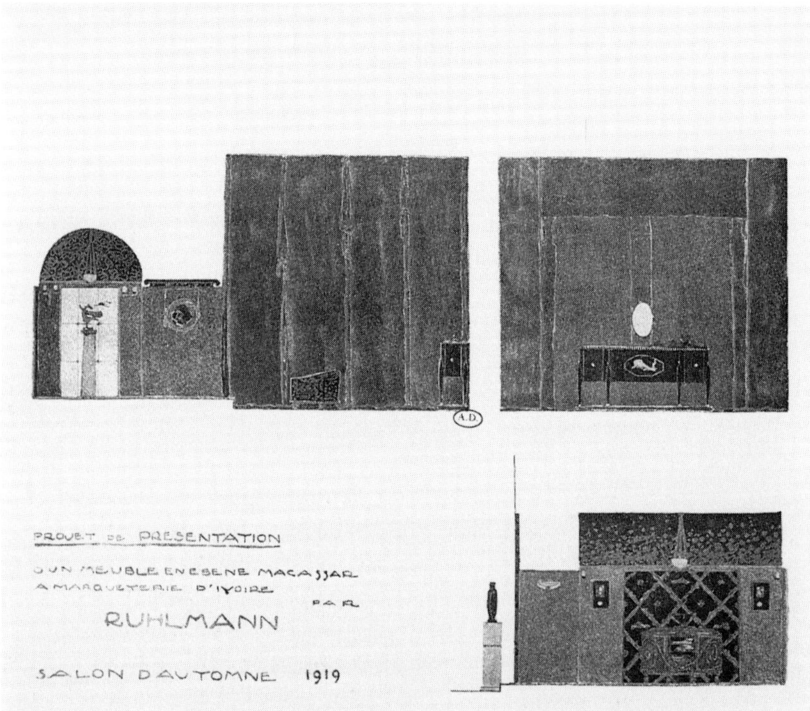

EMILE-JACQUES RUHLMANN *Entwurf für eine Möbelpräsentation, Herbstsalon 1919.*

Konkurrenz für Ruhlmann wäre nur der französische Entwerfer *Maurice Dufrêne* (1876–1955) geworden – er hatte 1901 die ›Société des Artistes Décorateurs‹ mitbegründet –, wenn dieser nicht 1925 die Abteilung ›La Maîtrise‹ in dem französischen Warenhaus ›Galeries Lafayette‹ übernommen hätte. Dadurch wandte er sich einer Popularisierung seiner zunächst mondänen und exklusiven Entwürfe zu.

Auch Dufrêne entwarf Art Déco als Lebensstil, das heißt von der Karosserie eines Luxuswagens bis zum geschweiften Récamier als edlem Holz mit feinstem Seidenüberzug.

EMILE-JACQUES RUHLMANN

Eckschrank nach einem Entwurf von 1916. Die stilisierten Blumengebilde und geraden Formen erinnern an den Louis-seize-Stil. Diese Hommage an die französische Tradition wurde nur in vier Exemplaren gebaut.

LOUIS SÜE *und* ANDRÉ MARE
Kommode mit exotischen Unterwassermotiven nach Entwurf von Mathurin Méhéut, ca. 1925. Die Kolonien lieferten neben Rohstoffen auch Motive.

PIERRE LEGRAIN
Kabinettschrank für Jacques Doucet, 1929. Der japanische Einfluß des Designs verdeutlicht den multikulturellen Aspekt des Art Déco.

Jacques Doucet: Pionier des ›Modernismus‹

Am 30. Oktober 1929 starb in Paris ein soignierter Herr im Alter von 76 Jahren. Alles Ungewöhnliche trifft auf ihn zu. Was er schlicht als sein Studio bezeichnete, war ein Traum im Art-Déco-Stil, zu dem er erst mit 70 Jahren fand. Der Name dieses Pioniers des ›Modernismus‹: *Jacques Doucet* (geb. 1853), einer der wenigen wirklich großen Couturiers der Welt.

Sein Weg zum modernen Stil war sensationell und vollzog sich sowohl in seiner Mode wie auch bei ihm zu Hause. Um die Jahrhundertwende hatte er sich im Stil des 18. Jahrhunderts eingerichtet, damals schon als passionierter Sammler. Als ihm das Leben zwischen Rokoko-Bildern, edlen Möbeln mit Blumenverzierungen und Schnörkeln wie ein eigenes Museum vorkam, entschloß

PAUL FOLLOT
Lackierte Cocktailbar, um 1925. Follot und Leleu transportierten mit Erfolg die traditionellen Formen des Louis-seize- und Directoire-Stils ins 20. Jahrhundert.

er sich 1912, seiner Rokoko-Welt ›ade‹ zu sagen und tat damit den vielleicht bedeutendsten Schritt für die Zukunft des Art Déco. Am 5., 6., 7. und 8. Juni 1912 fand vier Tage lang einer der sensationellsten Kunstverkäufe dieses Jahrhunderts statt: Doucet ließ sämtliche Zeichnungen, Pastelle, Skulpturen, Gemälde, Möbel und Kunstobjekte des 18. Jahrhunderts versteigern. Gesamterlös des Kunstausverkaufs: 13 884 360 Gold-Francs.

Doch es blieb nicht bei dem Ausverkauf: Dem 18. Jahrhundert folgten Impressionisten wie Manet, Degas und Sisley. Allerdings war der Anschluß zu den Tendenzen der zwanziger Jahre damit noch nicht garantiert. Am 28. und 29. Dezember 1917 wurde die Sammlung weiterverkauft.

Engagiert und befreit von der Vergangenheit, vergab der große Schneider Auftragsarbeiten an die besten Zeitgenossen, die sich von dem Surrealistenpapst André Breton beim Ankauf zeitgenössischer Kunst beraten ließen.

Die Krönung dieses Gesinnungswandels war sein ›Studio‹ im Pariser Nobelort Neuilly. Hier hing das Meisterwerk des Zöllners Rousseau, ›Der Schlangenbeschwörer‹, heute wohl das berühmteste Werk der ›Naiven Malerei‹. Im selben Appartement befand sich eine weitere Attraktion der modernen Kunst: das bedeutende kubistische Gemälde, die ›Demoiselles d'Avignon‹, ein provokanter Geniestreich des jungen Picasso.

»Monsieur Picasso, Sie erhalten von mir 2 000 Francs monatlich vom nächsten Monat an – bis zu einer Gesamtsumme von 25 000 Francs.« Mit diesen Worten handelte der geschmacks- und stilsichere Doucet dem damals noch unbekannten Picasso sein Meisterwerk ab.

Als am 8. November 1972 das komplette Mobiliar des ›Studios‹ aus der Rue St. James versteigert wurde, wurde offenkundig, daß Doucet bei seinen Möbeln denselben Instinkt wie beim Ankauf der ›Demoiselles‹ bewiesen hatte. Alle seine Möbel, die als Auftragsarbeiten entstanden, gelten als Meisterleistungen der angewandten Kunst der zwanziger Jahre. Inspiriert wurden diese Möbel

MARCEL COARD *(Sofa)* EILEEN GRAY *(Couchtisch)* JEAN LURÇAT *(Teppiche) Salon für den Modeschöpfer Jacques Doucet in Neuilly, 1929. In Paris kultivierte man eine sensationsorientierte Wechselwirkung aus Mode und Stil: Modemacher wurden zu Trendsettern, auch im Bereich des Interior Designs. (L'Illustration 1930)*

durch Stilströmungen des Kubismus, Futurismus und, nicht zu vergessen, durch die ›Ballets Russes‹, jene farbenprächtigen Ballettaufführungen, die die damalige Kunst stark beeinflußten.

Ein relativ frühes Stück aus Doucets Sammlung ist der 1913 von der irischen Künstlerin *Eileen Gray* (1878 bis 1976) entworfene, dunkelgrüne Lacktisch. Die vier Füße enden in stilisierten, weißen Lotusblüten. Ein Möbel wie dieses steht exemplarisch für die Art-Déco-Neigung den alten Kulturen der Ägypter, Azteken und Chinesen gegenüber. Es handelt sich im weitesten Sinne um ein Stilmöbel, das sich – und das ist das Neue – nicht an der unmittelbaren Vergangenheit, sondern archäologisch orientiert, die Motive nicht naturgetreu wiederholt, sondern stilisiert. Etwa um 1925 wird der Stil der form- und geschmackssicheren autodidaktischen Architektin und Designerin funktionalistisch und rein geometrisch. Die wenigen Möbel, die sie in beiden Stiltendenzen schuf, zählen zu den wertvollsten und rarsten Geschöpfen des zwanzigsten Jahrhunderts.

Das ›Grand canapé‹ von *Marcel Coard* (1884–1967) in Gondelform repräsentiert die Exotik und den Art-Déco-Stil: Aus massivem Palisander geschnitzt, wird in dem geschwungenen Sofarahmen Korbgeflecht vorgetäuscht, das (um die graphische Wirkung des Art Déco zu unterstreichen) von zwei hellen Elfenbeinbändern gerahmt ist. Dieses Möbel stellt ein Einzelstück dar, das speziell für Doucet entworfen und ausgeführt wurde.

Coard führte am Boulevard Haussmann ein exklusives Einrichtungsgeschäft, das kubistisch und architektonisch inspirierte Art-Déco-Möbel anbot.

PAUL RUAUD *(Architektur)* EILEEN GRAY *(Möbel)* *Salon für J.-Suzanne Talbot, 1933, ›L'Illustration‹.*

EILEEN GRAY *(1879–1976) Foto von Bernice Abbot, 1926.*

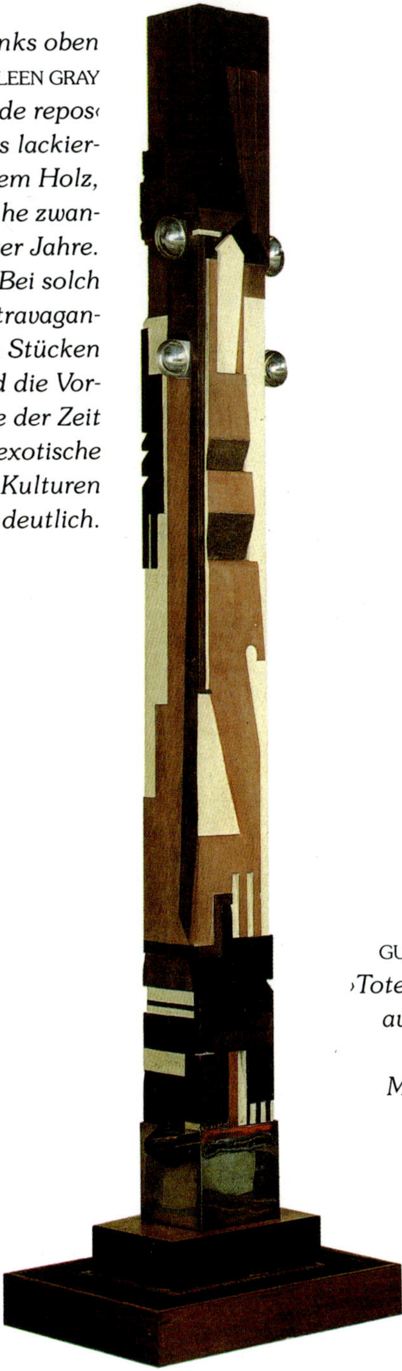

Links oben
EILEEN GRAY
›Lit de repos‹ aus lackiertem Holz, frühe zwanziger Jahre. Bei solch extravaganten Stücken wird die Vorliebe der Zeit für exotische Kulturen deutlich.

GUSTAVE MIKLOS
›Totems cubistes‹ aus bemaltem Holz und Metall, 1923.

PIERRE CHAREAU *(Interior Design)* PIERRE LEGRAIN *(Möbel)* LOUIS MARCOUSSIS *(Teppiche)* *Bureau-bibliothèque für Jacques Doucet, ca. 1924. Die großen Couturiers wie Doucet und Poiret nutzten den Art-Déco-Stil als Medium zur Selbstdarstellung.*

Schwarz-Afrika ist ›in‹: Möbel von Pierre Legrain

Ein Anhänger des ›Style nègre‹ war *Pierre Legrain* (1889–1929), der die künstlerische Oberleitung für die Einrichtung des extravaganten ›Studios‹ von Doucet konzipierte. Seine Möbel sind Akzente besonderer Art: Inspiriert von afrikanischer Stammeskunst, ließ Legrain Häuptlingssitze, trommelartige Tische und Sitzbänke anfertigen. Die wilden Urwaldkreationen erwiesen sich jedoch bei näherer Betrachtung als höchst überfeinert. Alle Reliefschnitzereien waren nußbaumbraun lackiert und darüber hinaus mit feinen Goldeinlagen versehen. Viele Möbeldetails wirkten wie kubistische Plastiken mit folkloristischem Einschlag. Für solche künstlich erzeugten Afrikaobjekte mußten die Liebhaber 1972 pro Stuhl über 40 000 Francs bezahlen. Sie sind für den Art-Déco-Stil so typisch wie die ›Revue nègre‹ von Josephine Baker.

Für die Piano-Nobelfirma Pleyel schuf der vielseitige Legrain einen Konzertflügel. Der typische Art-Déco-Gag war das Gehäuse: Statt Holz nahm der Künstler Kristallglas.

EILEEN GRAY
Liege aus lackiertem Holz, 1924. Das traditionelle französische ›Lit bateau‹ wird hier zum Eingeborenen-Kanu umstilisiert.

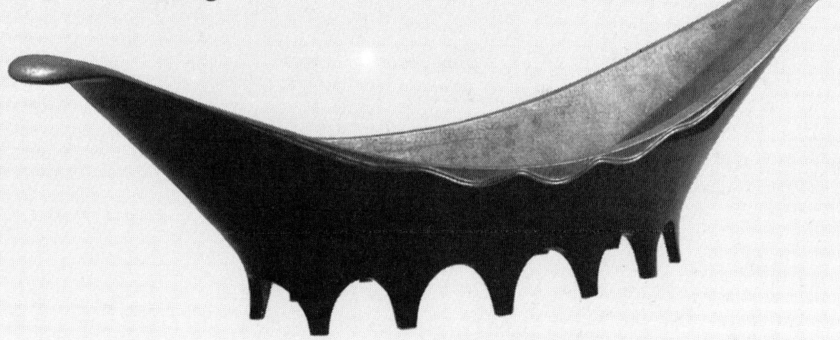

PAUL RUAUD *(Architektur)* EILEEN GRAY *(Möbel)* *Salon für Mme. J.-Suzanne Talbot, publiziert 1933 in ›L'Illustration‹. Der Liebe der Interior Designer zu Afrika entspringt die Kombination aus originalem Ashanti-Hocker und coolem, rationalem Interieur.*

MARCEL COARD
Hocker im afrikanischen Stil. ›Barbarisches‹ und Luxuriöses war für viele Designer kein Widerspruch.

Die Ausdruckskraft der Negermasken faszinierte die Maler des Kubismus wie auch die Designer.

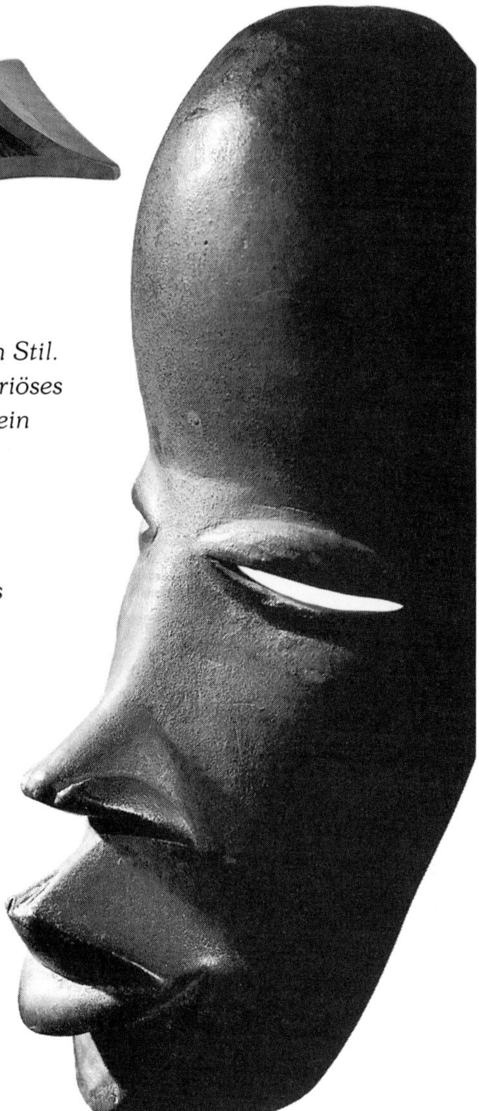

Links
ANONYM
Colliers aus verchromtem Metall und Bakalith.

23 MAI 1931
PRIX:15 Fr
EXPOSITION
COLONIALE
PAUL-ELIE DUBOIS
L'ILLUSTRATION

L' ILLUSTRATION 1991

Anläßlich der großen Kolonialausstellung von 1931 in Paris erschien ein reich illustriertes Sonderheft, das die Faszination der Art-Déco-Welt für die Exotik fremder Länder und Kulturen zum Thema hat.

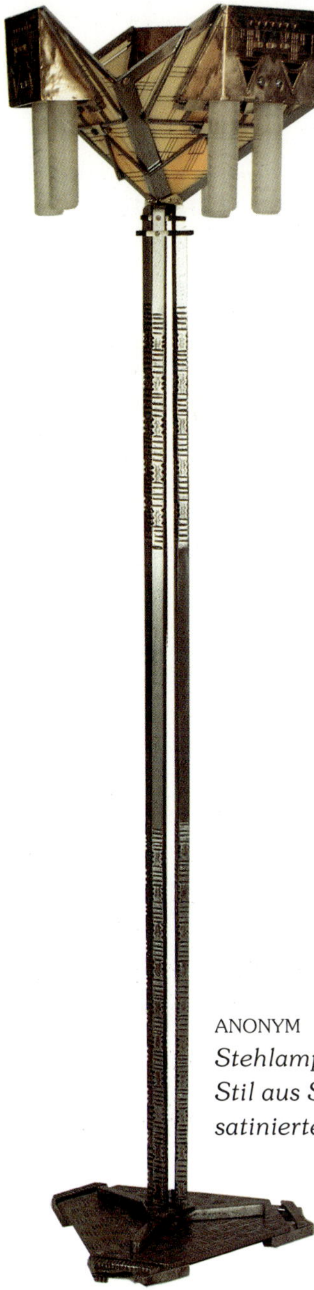

ANONYM

Stehlampe im maurischen Stil aus Schmiedeeisen und satiniertem Glas.

JEAN DUNAND

Detail eines Paravents von 1926. In seinen oft naiven Motiven verbindet der gefeierte Lackkünstler die Sehnsüchte seiner Kunden nach Folklore, Kubismus und Modedesign. (Maître Claude Boisgirard)

JEAN DUNAND
(1877–1942)

JEAN DUNAND
Dose aus lackiertem Metall mit geometrischem Eierschalen-dekor. (Maître Claude Boisgirard)

ANONYM
(Kabinett-schrank)
JEAN DUNAND
(Vase)
EDGAR BRANDT
(Lampe)

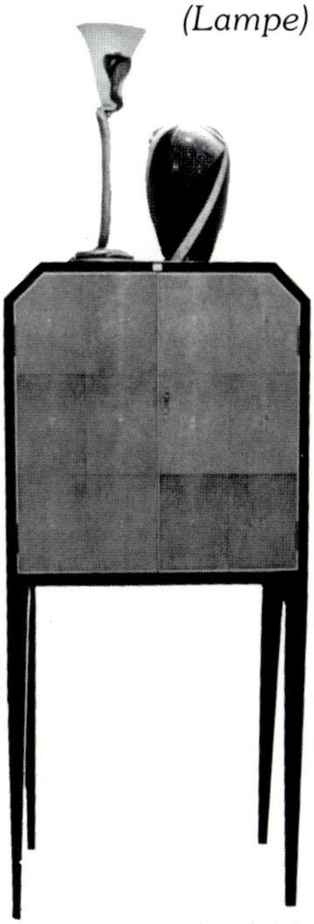

Phantasievoller Einfallsreichtum: Markenzeichen des Art Déco

Ganz auf Glas eingestellt waren auch andere Künstler in Paris. Der Modefriseur Antoine ließ sich in der Rue Didier seine Inneneinrichtung total aus Glas herstellen. Selbst die Einladungskarten für seine Eröffnungsparty ließ er durch den Chauffeur auf feingeätzten Glastäfelchen überbringen. Lediglich die Lilien in den hohen Bodenvasen sollen nicht aus Glas gewesen sein. Einen gläsernen Salon ließ sich die Modistin Mathieu Lévy alias Suzanne Talbot vom Nobelarchitekten Paul Ruaud 1933 kreieren. Wie die damals schon in den Modezeitschriften ›Vogue‹ und ›Harper's Bazar‹ veröffentlichten Berichte zeigen, waren in diesem gläsernen Bereich nahezu alle Möbel von Frauenhand geschaffen: Eileen Gray hatte für die Modeschöne glanzvolle Lackmöbel anfertigen lassen. Selbst der Fußboden war aus Glas, und zwar aus silbern beschichteten Panzerglasplatten.

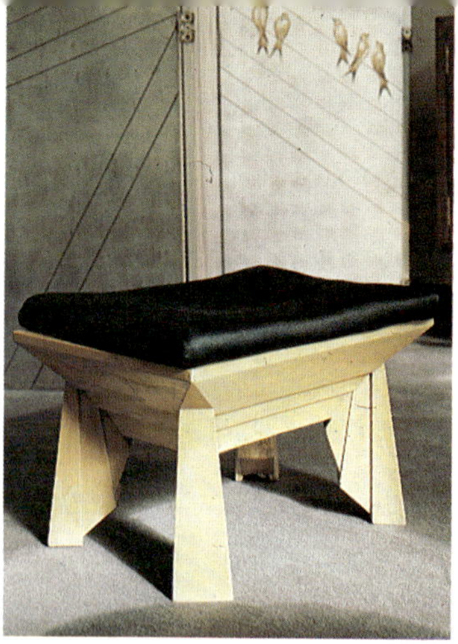

P. CHAREAU
(Hocker)
JEAN DUNAND
(Paravent)
Die Art-Déco-Designer liebten Kontraste: Hocker aus Holz und ein Paravent in Lacktechnik.

JEAN DUNAND
Teetisch mit ausziehbaren Platten und Lackdekor.

ÉMILE GALLÉ
Vase mit stilisiertem Elefantenmotiv aus formgeblasenem Glas.

JEAN DUNAND
Detail des oben abgebildeten Tee tisches mit ›Eierschalenmuster‹, der Spezialität des Ateliers Dunand.

GASTON SUISSE
Lackpaneel (Detail)
(Maître Claude Boisgirard)

JEAN DUNAND
Große Vase mit geometrischem Lack- und Eierschalendekor, ca. 1930.
Die afrikanische Stammeskunst wurde für viele französische Künstler zum Vorbild.

Der Art-Déco-Stil zeigt hier, in welchem Maß er aus modischem Gespür und phantasievollem Einfallsreichtum entstand. Art Déco ist keine Doktrin für die Gestaltung isolierter Möbelformen, sondern die Grundstimmung für ein außergewöhnliches Ensemble.

Der Lackkünstler Jean Dunand kombinierte korallroten Lack, in den er filigrane Muster aus zerschlagenen Eierschalen zu Phantasiebildern legte, die er auf hohe Paravents einbaute; der Bildhauer Armand-Albert Rateau dachte an babylonische Bronzen, um feinste, grün-patinierte Luxusmöbel in Auflagen von höchstens drei Stück zu schaffen; der exklusive Designer André Groult nahm sich das französische 18. Jahrhundert zum Vorbild und transportierte es in die zwanziger Jahre: Die bauchigen Kommoden wurden so stark stilisiert, daß sie wie die Kleiderpuppen auf den Bildern des italienischen Malers Chirico wirkten. Zur Verstärkung der metaphysischen Wirkung dieser Objekte wählte der modebewußte Groult ein wirkungsvolles Antimaterial – die zartgraue, aus dünnen, millimetergroßen Knochenscheiben bestehende Rochenhaut, Galuchat.

Traditionalisten und Modernisten

Der Ebenist *Paul Iribe* (1883–1935), dem Doucet später die Leitung der Gestaltung seiner Wohnung übertrug, eröffnete 1912 sein Geschäft für Innenraumgestaltung am Faubourg Saint-Honoré. Ihm ist wohl zu verdanken, daß Galuchat-Leder einen wahrhaften Siegeszug im Art Déco antreten konnte. Bei einer von ihm entworfenen Kommode wurde es zum ersten Mal verwendet und abgesehen von dem fremdartigen Material verzierte er das Stück mit Girlanden und stilisierten Blumenvasen. Ein Möbel, vollkommen ›französisch‹, in der Tradition des Rokoko und Klassizismus und doch ganz und gar im Stil der zwanziger Jahre.

JEAN DUNAND *(Vase)*
CLEMENT ROUSSEAU *(Säule)*
Viele Einrichtungsgegenstände zitieren fremde Kulturen und Formen.

JEAN GOULDEN

Uhr aus versilberter Bronze, Champlevé-Email, 1929. Die plastischen Formen sind vom Kubismus beeinflußt.

JEAN DUNAND *(Schrank)*
RENÉ LALIQUE *(Vasen)*
FERDINAND PREISS *(Kaminuhr)*
Möbel und Objekte wurden in den dreißiger Jahren oft zu Schmuckstücken stilisiert.

Die Blumengirlande wurde gleichsam zu einem Markenzeichen französischer Möbel- und Interieurgestaltung. Eine Schreibunterlage aus Pergament von André Mare aus dem Jahre 1925 zeigt ein mit Blumen gefülltes Feston, das emblematisch wirkt. In Spiegelrahmungen, Stühlen und Kommoden, Anrichten, Brunnen und Supraporten winden sich im Volumen kubische, in ihrer Eleganz barocke Blumenranken.

Barock erschienen auch die Interieurs von dem Designerpaar *Louis Süe* (1875–1968) und *André Mare* (1885–1932), die 1919 die ›Compagnie des Arts Français‹ gründeten und das Unternehmen neun Jahre leiteten. 1928 übergaben sie die ›Compagnie‹ an Jacques Adnet, der sie bis 1959 weiterführte. Zu den berühmtesten Interieurs von ›Süe et Mare‹ zählen die Französische Botschaft in Warschau, die Wohnung des Modeschöpfers Jean Patou und der große Salon auf dem Ozeandampfer ›Ile-de-France‹.

Viele Formen und Details ihrer Entwürfe gehen zurück auf Louis-quinze- und Louis-seize-Möbel, erhielten aber durch Hinzufügen moderner, stilisierter Elemente die ihnen eigene, unverwechselbare Note. Das dekorative Element lag in genau berechneten Volumina, die sparsam und doch raumgreifend in kostbaren Materialien zu einem Ensemble zusammengebunden wurden.

Wie Süe et Mare, Ruhlmann und Paul Iribe, lehnte es auch *André Groult* (1884–1967) ab, als moderner Künstler bezeichnet zu werden. Sie waren ›Zeitgenossen‹. Sie stützten sich auf die Vergangenheit, jedoch ohne Nachahmung. Es ging ihnen vorrangig darum, ihr Werk auf der Basis von existierenden Elementen zu ›orchestrieren‹ und außerdem um eine »Klarheit der dekorativen Ordnung, die nicht von konstruktiven Bedingungen bestimmt ist« (G. Janneau, um 1927).

Groult, der sich stark vom traditionellen französischen Modedesign beeinflussen ließ, wurde vor allem bekannt durch seine in zarten Farben gehaltenen Boudoirs und Damenschlafzimmer.

Jean-Michel Frank (1893–1941) verfolgte dieselbe Grundrichtung wie die bereits genannten Künstler, ließ sich aber von neuen Anstößen der Avantgarde durchaus ansprechen. Die von Iribe lancierte Rochenhaut erhielt bei ihm eine, man kann fast sagen geläuterte Variante. Er setzte sie bei seinen Möbeln als Dekoration, Verkleidung und Einlage zu Schmuckmotiven wie Fächer oder Sonnen zusammen, die sich jedoch in der Gesamtkomposition auflösen. Frank, der Asket im Luxus – er verband seine Liebe zu schönen Materialien mit seiner Vorliebe für strenge, geometrische Formen –, wurde in der Renaissancebewegung der Art Déco bisher zu wenig beachtet. Vom Schicksal hart getroffen – seine Brüder kamen 1915 um, seine Mutter mußte in einer Anstalt untergebracht werden, sein Vater nahm sich das Leben –, beging er selbst 1941 Selbstmord.

Auch Frank arbeitete ausschließlich auf Bestellung wohlhabender Kundschaft, für die jeweils ein Gesamtkonzept realisiert wurde. Im Gegensatz zu Ruhlmann und Groult setzte er jedoch Materialien von simpler Raffinesse ein, so zum Beispiel Intarsien aus gefirnißten Strohhalmen.

Frank verwandt ist *Jacques Adnet* (geb. 1900), der 1928 die Leitung der von Süe et Mare gegründeten ›Compagnie des Arts Français‹ übernahm. Er bezeichnete sich selbst als einen »Neuerer und Klassizisten, Verfechter einer nach vorn orientierten Tradition« und verwandte bei seinen Interieurs großflächige, gelackte Pergamente und vergoldete Bronze, jedoch nicht im Sinne eines neuen Stils, sondern eher im Sinne eines ›neuen Klassizismus‹.

Eine eigene und sehr typische Variante der französischen Interieurkunst betrieben die beiden Künstler *Edgar Brandt* und *Albert Cheuret*. Ihre Arbeiten in Schmiedeeisen werden sofort und ohne Zögern als Art Déco identifiziert. Brandt arbeitete ausschließlich in Schmiedeeisen, setzte es subtil und herausfordernd und zugleich in jedweder Form der Innenraumgestaltung sowie im

Rahmen der Architektur ein. Vor allem jedoch entstanden Wandschirme, Lampen, Mobiliar, Fenster- und Türrahmungen und Wandverkleidungen. Dabei biegt sich das Schmiedeeisen zu Blumengirlanden, kubistisch stilisierten Blatt- und Blumenmotiven, Fontänen, Frauengestalten, Sonnenstrahlen oder baut sich in geometrischer Ornamentierung auf.

Cheurets Lampen und Interieurobjekte wirken kostbarer als die von Brandt, da er neben Schmiedeeisen vorzugsweise versilberte Bronze verwendete. Er gehörte zu den französischen Künstlern, die seit der Entdeckung des Grabes von Tut-ench-Amun durch Howard Carter im ›ägyptischen Fieber‹ lagen. Cheuret machte kein Hehl aus dieser Adaption und setzte die ägyptische Mode geradezu klassisch um.

Francis Jourdain (1876–1958) ist als Kontrapunkt zu den Künstlern der ›Luxusgruppe‹ zu sehen. Ausgebildet als Maler und Grafiker, wechselte er 1909 in das Metier der Innenausstattung über. Er galt als Verfechter eines sozialen Rationalismus, verurteilte als Anhänger von Adolf Loos das Ornament und huldigte einem streng raffinierten, dekorativen Purismus. Sein Entwurf für ein Kinderzimmer, 1925, erinnert an den schottischen Jugendstilkünstler Charles Rennie Mackintosh oder an den Mitbegründer der Wiener Werkstätte, Josef Hoffmann. Monochromie kombiniert mit geometrischer Strenge, dennoch aber ein spielerischer Umgang mit diesen Komponenten, gaben dem Kinderzimmer eine ›natürliche Moderne‹.

Einen ähnlichen Typ von Dekor und Mobiliar französischer Herkunft, der sich der Wiener Werkstätte verpflichtet zeigt, finden wir im Interieur aus dem ›Atelier Martine‹ auf einem Hausboot des Modeschöpfers *Paul Poiret* (1879–1944), dessen Kreationen von der deutschen und Wiener Moderne, den ›Ballets Russes‹ und von orientalischem Design beeinflußt sind. Die Sessel aus dem ›Atelier Martine‹ beispielsweise könnten direkt aus der Halle des Sanatoriums Purkersdorf von Josef Hoffmann, 1904, stammen.

Art Déco der Wiener Sezession

1925, zur Zeit des Entwurfs des ›Atelier Martine‹, stand *Josef Hoffmann* (1870–1956), der führende Protagonist der Wiener Werkstätte, ganz ›woanders‹. Betrachtet man die Titelseite des Kataloges der österreichischen Delegation zur Pariser Ausstellung 1925, gestaltet von *Dagobert Peche* (1887–1923) in den für ihn typischen lancettenartigen Blattmotiven und Blütenranken, so ist dies vom Sanatorium Purkersdorf und ›Quadratl-Hoffmann‹ weit entfernt. Der österreichische Pavillon war in der Öffentlichkeit zwar ein Erfolg, wirtschaftlich jedoch ein Fiasko. Hoffmanns und Peches raffiniert dekorierte Objekte fanden keine Resonanz bei der Pariser Kundschaft, die mehr an den vulgarisierten Wiener Formen interessiert war. Josef Hoffmann ließ sich jedoch auf dem von ihm eingeschlagenen neuen Weg nicht beirren. Der Entwurf eines Zierschrankes 1935 macht deutlich, daß er in der fast zierlich-verspielt anmutenden Dekoration der Oberfläche noch über den früh verstorbenen Dagobert Peche hinausging. In einem Brief an die Werkbund-Mitglieder vom März 1933 schreibt er: »Selbstverständlich ist es gut, wenn die anderen alles schöpferisch Entstandene aufgreifen und weiterentwickeln, wenn man Entdeckungen und Erfahrungen nutzbar macht und womöglich vollendet ... Was unsere eigene künstlerische Arbeit anlangt und nicht nur die des so gern angegriffenen Kunsthandwerks allein, sondern des gesamten Gebietes künstlerischen Ausdrucks und Formwillens, müssen wir auf der Hut sein, alles von diesen unerwarteten Feinden gefährdet zu wissen und danach handeln.«

Der Sprung über den Ozean

Großer Erfolg ist jedoch dem Leiter der Filiale der Wiener Werkstätte in New York beschieden. *Josef Urban* (1872–1933) – wie Hoffmann, mit dem er dann später in Otto Wagners Architekturbüro arbeitete –, Schüler von Karl von Hasenauer an der Wiener Akademie, gehörte in Wien nicht der Sezession an und emigrierte bereits 1911 in die Vereinigten Staaten, wo er von 1918–1933 Ausstattungschef des Metropolitan Opera House war. Spontan beschloß er 1921 nach einem Besuch in Wien, die Werkstätte seiner Landsleute zu unterstützen, und eröffnete auf der Fifth Avenue ein Geschäft. Er wurde – fast kann man sagen – zum Entwerfer des dritten Stils der Wiener Werkstätte.

Urbans Möbelentwürfe wirken wie ein Konglomerat aus dem luxuriösen französischen Stil, den soliden Möbeln Otto Wagners und der phantasievollen Ornamentik Peches. Da er die verschiedenen Stilelemente geschickt miteinander zu verbinden wußte, fand er zu geschmackvollen Lösungen, die ihm prominente und wohlhabende Kunden wie zum Beispiel den Pressemagnaten William Randolph Hearst einbrachten. Trotz dessen finanzieller Unterstützung mußte Urban das Geschäft auf der Fifth Avenue 1924 schließen.

War Urban auch kein wirtschaftlicher Erfolg beschieden, so wurde er doch zum ›Vater‹ des amerikanischen Art Déco, der in den dreißiger Jahren, also gerade zur Zeit der Depression, in der popularisierten Form Furore machte.

Art Déco ist auch heute noch überall in den USA gegenwärtig, insbesondere in der Architektur.

Auf dem Gebiet des Möbeldesigns ragen zwei Namen gegenüber den ›Kaufhaus-Entwerfern‹ heraus: *Donald Deskey* (geb. 1894) und *Kem Weber* (1889–1963). Zusammen mit einer Gruppe amerikanischer Designer, zu denen auch *Paul Frankl* (1887–1958) und *Walter von Nessen* (1889–1943) – ein Schüler *Bruno Pauls* (1874–1954) –, der sich mit avantgardistischen Leuchtkörpern hervortat, gehörten, arbeiteten sie häufig als Team. Mit ihren vielseitigen Talenten schufen sie Interieurs für eine reiche und anspruchsvolle Kundschaft. Sie erhielten auch Aufträge, riesige öffentliche Räume zu entwerfen und auszustatten: Empfangshallen von Bürohäusern, Hotelhallen und Restaurants, Wartesäle von Bahnhöfen und Flughäfen sowie die Zuschauerräume der immer prunkvoller werdenden, häufig schon als ›Filmpaläste‹ bezeichneten Filmtheater.

1929 wurde Deskey von dem Ehepaar Glendon Allvine beauftragt, an der Einrichtung ihrer Villa auf Long Island mitzuwirken. Sowohl hier als auch bei seiner größten Arbeit 1932, der Raumgestaltung der Radio City Music Hall in New York, sind Einflüsse der Franzosen Ruhlmann, Brandt oder Süe nicht zu übersehen. Doch wie auch bei seinen Wandschirmen, die an Jean Dunand erinnern, ersetzte er die preziösen Materialien wie Lack, Eierschalen oder Schmiedeeisen durch Aluminium und Bakelit.

Kem Weber war, wie Nessen, Schüler von Bruno Paul und während des Ersten Weltkrieges in den Vereinigten Staaten geblieben. Durch ihn, der ebenfalls von den großen französischen Ebenisten beeinflußt wurde, erhielt das Möbeldesign eine originär-amerikanische Note, die sich aus dem ›Wolkenkratzeraufbau‹ seiner Möbel sowie durch die ›kalifornischen Farben‹, die er verwendete, ergab. Der amerikanische Traum kulminierte jedoch im Wolkenkratzer, in den in nie dagewesener Größe montierten Kreisbögen, Rechtecken, Zickzack- oder Wellenlinien, deren himmelstürmende Wirkung bereits vorweggenommen, angedeutet bei Josef-Maria Olbrichs Hochzeitsturm von 1908 in Darmstadt oder bei Eliel Saarinen in Helsinki zu finden sind.

Eliel Saarinen (1873–1950), der 1922 aus Finnland in die Staaten einwanderte, wurde später Direktor der einflußreichen Cranbrook Academy of Art in Michigan. Seinen ›Skyscrapern‹ in Chicago war mehr Erfolg beschieden als seinen Möbelentwürfen, die doch eindeutig eine europäische und dabei weniger finnische denn Wiener-französische Variante bedeuteten. Nach dem Purismus seiner ersten Interieurentwürfe Anfang des Jahrhunderts fand er zusammen mit seiner Frau Loja zu einem dekorativen Kunststil. Das Mobiliar seines eigenen Hauses entstand zwischen 1928 und 1930 und zeigte in seiner eleganten Strenge dennoch das zarte Linienspiel eines Dagobert Peche.

ANONYM
Reklame mit Jazz Band, USA, dreißiger Jahre.

GILBERT RUMBOLD
Als Klassiker der Barliteratur gilt das ›Savoy Cocktail Book‹ mit Illustrationen im Zickzackstil von Gilbert Rumbold.

Die Verbindung zu den französischen Raumausstattern bewies sich in den kostbaren Materialien wie Rosenholz, afrikanisches Nußholz und Ahorn. 1929 arbeitete Saarinen mit Urban und sieben weiteren Architekten zusammen, um der im Metropolitan Museum veranstalteten Ausstellung ›The Architect and the Industrial Arts‹ eine Qualität zu verleihen, die der europäischen Raumgestaltung gleichkam.

JEAN DUNAND
Barschrank mit rhythmischem Dekor, ein Zeitzeuge des ›Jazz Age‹, 1928.

Bauhaus-Design und -Interieur

Am deutschen Bauhaus, der 1909 von Walter Gropius in Weimar gegründeten Design-Schule, widmete man sich der Herstellung vorbildlich gestalteter und zugleich für die Serie geeigneter Möbelentwürfe, die preisgünstig umzusetzen waren, also kein ›Art Déco‹. Dennoch standen die Entwürfe Anfang der zwanziger Jahre im Banne dessen, was sich in Frankreich und Österreich entwickelte. Ein ›afrikanischer Stuhl‹ von *Marcel Breuer* (1902–1981, einem der ersten Bauhaus-Studenten), 1921, zeigt einen thronartigen Sessel, der gewiß nicht für die Massenproduktion geeignet war. Ein Clubsessel von 1923 aus Kirschbaum, die Polster mit Lederüberzug, demonstriert die Bemühung, den ›Clubsessel‹ zu modernisieren. Obwohl er sich formal am Konstruktivismus orientiert, ist die Nähe zum Salonmöbel nicht zu leugnen.

Es mag überraschen, daß ebensolche Entwürfe von *Walter Gropius* (1883–1969) existieren – schwere gepolsterte Sessel aus Kirschbaum, mit Lederüberzug –, doch retrospektiv muten diese Möbel nur als marginales Vorspiel zu den Möbeln an, die heute noch in Serie gefertigt werden, ohne dabei zum Massenprodukt verkommen zu sein. Als Beispiel mögen die wohl berühmt zu nennenden Stahlrohrmöbel von Marcel Breuer dienen. So schreibt Walter Gropius 1926 in Band 12 der Bauhausbücher: »Reibungsloses, sinnvolles Funktionieren des täglichen Lebens ist kein Endziel, sondern bildet nur die Voraussetzung, um zu einem Maximum an persönlicher Freiheit und Unabhängigkeit zu gelangen. Die Standardisierung der praktischen Lebensvorgänge bedeutet daher keine neue Versklavung und Mechanisierung des Individuums, sondern befreit das Leben von unnötigem Ballast, um es desto ungehemmter und reicher sich entfalten zu lassen.«

Mitte der zwanziger Jahre, nachdem das Bauhaus nach Dessau übergesiedelt war, entwickelte sich die Tendenz zu geometrischen Formen bei Möbeln und Objekten, wobei mehr und mehr neue Materialien, beispielsweise

Stahlrohr, eingesetzt wurden. Ab 1925, als Marcel Breuer den ersten Stahlrohrstuhl konstruiert hatte, sprach man in der Folge wohl treffender von einer Möbelwerkstatt und nicht von einer Tischlerei. Bis zum Frühjahr 1928 wurde die Möbelwerkstatt des Bauhauses von Marcel Breuer geleitet, nach seinem Weggang wurde *Josef Albers* (1888–1976) sein Nachfolger.

»Die Einrichtung, die Raumgestaltung soll weder ein Selbstbildnis des Architekten, noch eine den Bewohner verpflichtende, ihn gewissermaßen auf eine Linie festlegende Wohnform sein. Und darum haben wir Einrichtungsgegenstände, Räume und Gebäude, die jede denkbare Veränderung, Umstellung und Kombination möglich machen. Die Möbelstücke, ja selbst die Wände eines Raumes, sind nicht mehr massiv und monumental, sie sehen nicht mehr aus, als seien sie für die Ewigkeit gebaut und nicht von der Stelle zu rühren. Statt dessen öffnen sie sich mehr nach außen oder sind frei in den Raum gestellt. Sie sind weder für den Körper noch für das Auge ein Hindernis. Der Raum ist nicht mehr eine in sich geschlossene Komposition, ein genau begrenzter Kasten, denn seine Dimension und seine einzelnen Elemente können vielfach verändert werden. Man kann daraus die Folgerung ziehen, daß jeder gut und zweckmäßig gestaltete Gegenstand in jeden Raum passen müßte, so wie es ein lebender Gegenstand tut, etwa eine Blume oder ein Mensch.« (Marcel Breuer in der Zeitschrift ›Das neue Frankfurt‹, 1927.) Die Möbel von Marcel Breuer, Walter Gropius, Mies van der Rohe (1886–1969) und Mart Stam (1899–1968) beweisen diese These noch heute.

Der bei Thonet in Serie gegangene, 1928 entworfene Stuhl aus Stahlrohr mit Sitzen und Lehnen aus Rohrgeflecht und Rahmen aus Sperrholz von Mart Stam ist sozusagen jedermanns Stuhl geworden, ohne den ›haut goût‹ des Massenproduktes zu haben.

Mies van der Rohes ›Barcelona-Stuhl‹ von 1928 – verchromtes Stahlband, Polster mit Lederbezug, von Knoll hergestellt – ist heute noch die Zierde eines jeden eleganten Foyers.

75 000 Tonnen Art Déco: der französische Luxusdampfer ›Normandie‹

Die Dimension des Art-Déco-Stils wuchs in den dreißiger Jahren ins Gigantische. Beispiele dafür sind die Gebäude des Empire State Buildings in New York, die Bauten am Trocadéro in Paris und die Gigantomanie der Hitlerbauten wie die Reichskanzlei.

Weniger fragwürdig, obwohl in ähnlichem Fahrwasser, liegen die Ausstattungen der großen Passagierschiffe für die Nordatlantikroute. Hier kämpften England, Deutschland, Italien und Frankreich miteinander um das ›Blaue Band‹. Der Wettstreit um nationales Prestige hatte dabei oft einen ästhetischen Aspekt: Das ›Blaue Band‹ gewann nicht nur das schnellste, sondern im Jahr 1935 auch das schönste Schiff – die ›Normandie‹. Anläßlich der Rekordzeit von 4 Tagen, 3 Stunden und 28 Minuten des 313 Meter langen Ozeangiganten widmete die französische Zeitschrift ›L'illustration‹ dem ›Chef-d'œuvre de la téchnique et de l'art français‹ eine Sondernummer. Hier konnten die besten französischen Dekorateure ein großartiges Art-Déco-Ensemble als schwimmenden Palast zusammenstellen.

Oben
RENÉ LALIQUE
Große Tafel aus satiniertem Gußglas, ca. 1925. Das berühmte Glashaus verstand sich als moderne Kunstindustrie, die nicht nur Vasen, sondern auch Möbel, architektonische Elemente und sogar Kühlerfiguren für Autos aus Gußglas herstellte.

Unten
Blick in den Rauchsalon des Ozeandampfers ›Normandie‹. Gläserne Säulen schaffen eine neoklassizistische Architektur. (L'Illustration 1936)

Art Déco auf hoher See

Nach dem Stapellauf am 29. Oktober 1935 und der Schiffstaufe durch Mme. Lebrun vergingen zweieinhalb Jahre mit Innenausbauten des Ozeanriesen. Vier Kilometer lange, geformte Art-Déco-Lichtschienen aus Glas säumten die Wandelgänge. In der großen Halle installierte die Lichtfirma Sabino Beleuchtungskörper aus mehr als 20 Tonnen Preßglas. Mattiertes Preßglas war auch das wichtigste Element, um den großen Speisesaal der Ersten Klasse zu gestalten. Wie ein beleuchteter Spiegelsaal in Versailles gab sich dieser Luxusort von 80 Meter Länge und 13 Meter Breite – typisch Art Déco und bereits ein Vorbote des 1938/39 durch Albert Speer

konzipierten Saals der Reichskanzlei in Berlin. Art Déco glänzte auf dem Prestigeschiff (noch schlimmer in der Reichskanzlei!) im Stadium der totalen Erstarrung.

Als der Glaskünstler *René Lalique* (1860–1945) 1925 in Paris sein ›gläsernes Art Déco‹ der Weltöffentlichkeit vorstellte, war der Stil zwar bereits konservativ motiviert, jedoch in bloßer Repräsentation noch nicht erstarrt. Laliques Tisch mit Opalglasplatte, Stützen und Sockel aus geätztem Preßglas auf einem verschraubten Chromstahlgerippe, darauf Gläser, Geschirr und Kerzenleuchter in durchsichtigem Werkstoff, wirkten mondän und überraschend zugleich.

Titelblatt der ›L'ILLUSTRATION‹. *1933 widmete die französische Luxusillustrierte dem modernen Interior Design eine Sonderausgabe.*

Kabinen des Ozeandampfers ›Normandie‹. Sie waren als internationale Schaufenster für französisches Interior Design konzipiert und von den besten Dekorateuren gestaltet.

Luxus und Technik

Favorisierte man in allen Schattierungen den Werkstoff Glas, benutzte man oft als Kontrastprogramm eine Art-Déco-Spezialität: die den Ostasiaten nachempfundene Lackarbeit. Jenen weichen und atmosphärischen Werkstoff aus damals noch organischen Substanzen sah man auch auf der ›Normandie‹ monumental vertreten. Man hatte die Not zur Tugend gemacht und die riesigen 6 x 6 Meter hohen Feuerschotten zwischen den Salons und dem Speisesaal mit großen ›Breitwand‹-Lackbildern verkleidet. Fünf Tonnen schwere Tore erschienen im Goldgewand des Lacks plötzlich wie Pforten zu imaginären Tempeln. ›La chasse‹, eines der zyklischen Themen, zeigte Menschen und Tiere in Jagdszenen geometrisch stilisiert wie an den Tempelwänden der alten Ägypter. Art Déco zeigt hier seine deutliche Inklination zum alten Mythos; eine künstlerische Wahlverwandtschaft: die ägyptischen Hieroglyphen.

Reliefierten Goldlack wählte der Lackkünstler Jean Dunand auch für die übrigen Paneele mit den Themen ›La conquête du cheval‹, ›La danse‹, ›Les vendanges‹. Der ursprünglich aus der Schweiz und dort aus der Familie des Rot-Kreuz-Begründers stammende Lackkünstler hatte durch Lackparavents mit unbeschwert naiven Darstellungen großen Ruhm erlangt. Mit dieser kalkulierten

Naivität oder auch Primitivität gehört er zu den wichtigsten Vertretern des Art-Déco-Stils, der, wie in der Malerei des Kubismus schon vorgezeichnet, das ungebrochen Ursprüngliche verherrlicht.

›Tout Paris‹ war in den ›Appartements de grande luxe‹ vertreten. Hier gestalteten sich die Salons und Luxuskabinen als schwimmende Ausstellung und als repräsentativer Querschnitt aller bedeutenden Ausstattungsfirmen. Art Déco konnte so unverhohlen das bourgeoise Gesicht offenbaren. Schwere Clubsessel, Teppiche mit stilisierten, fein abgestimmten Mustern, indirekte Beleuchtung, Falttüren und Rauchtische waren geschmackvoll und kontrastreich aufeinander abgestimmt, in der Grundtendenz nahezu neoklassizistisch. Für jene konservative Richtung der Art-Déco-Innenausstattung sprechen auch die Namen der verantwortlichen Architekten: Leleu, Follot, Prou, Süe und Laprade. Deutlich zeigt sich hier, was als Resümee des Art-Déco-Stils in den dreißiger Jahren gelten kann: die Tendenz zu einem konservativen Klassizismus, der den radikalen Aspekt mancher Erneuerungsbewegung verdrängt hat – zumindest was die offiziellen Staatsaufträge in Frankreich, Deutschland und England betrifft.

JEAN DUPAS
(Entwurf)
JEAN DUNAND
(Ausführung)
Lackpaneel ›Die Jagd‹ aus den Gesellschaftsräumen der ›Normandie‹.

Selbst wenn das monumentale Art-Déco-Ensemble der ›Normandie‹ den konservativen Trend des Stils betont, muß man das rapide und unglückliche Ende des Ozeanriesen bedauern: Nach nur 139 Atlantikfahrten in vier Jahren wurde der schmucke Gigant in New York zu Kriegsbeginn eingemottet. An der Pier von Manhattan brach aus Unachtsamkeit ein Feuer aus, das schnell auf das ganze Schiff übergriff und die ›Normandie‹ zum Kentern brachte.

Am 3. Oktober 1946 wurde bei einer Versteigerung für die ausgebrannten Überreste bei 161 680 Dollar, von einem Schrotthändler geboten, zugeschlagen.

75 000 Tonnen Technik und Art Déco: Der 1935 in Dienst gestellte, französische Luxusdampfer ›Normandie‹ war nicht nur das schnellste, sondern auch das schönste Schiff, das in den dreißiger Jahren gebaut wurde.

Indore: Art Déco in Indien

Art Déco als ›Modern Style‹ hatte drei Höhepunkte: die Ausstattung der ›Normandie‹ mit ihren Foyers, Salons und Luxuskabinen, die ›Radio City Music Hall‹ in New York mit ihren 31 phantastisch ausgestatteten Lounges und dem geschwungenen Auditorium, und den ›Manik Bagh‹ oder ›Tempel der Rubine‹, einen Maharadscha-Palast in Indien, der 1930–1933 im heutigen Madhya-Pradesh, 560 Kilometer nördlich von Bombay erbaut worden war.

Der Weg nach Indore ist heute sicher mühseliger als vor sechzig Jahren: In den indischen Provinzbahnhöfen hört die englische Beschriftung auf, bürokratisch muß man einen Platz im Zug reservieren lassen und nach langem Anstehen am Schalter erfahren, daß die Züge die nächsten vierzehn Tage im voraus ausgebucht sind. Das Ausfüllen des Antragsformulars und die überfüllten Züge nehmen die Lust am Reisen dann gänzlich.

Die kleinen Flugzeuge, die in die ehemalige Provinzhauptstadt starten, sind ständig überbucht, der Bus braucht sechzehn Stunden von Bombay über die Nationalstraße Nr. 3, die durch Bergpässe und zwischen Ochsenkarren hindurch zu einem wahrlich abenteuerlichen Slalom wird.

Entworfen in Deutschland, gebaut in England: der Salonzug des Maharadscha von Indore

Vor sechzig Jahren verkehrte auf dieser Strecke der Salonzug des Maharadscha von Indore, ein silberner Doppeltriebwagen, der in der sachlichen Eleganz des Bauhausstils ausgestattet war.

Die Entwürfe für dieses damals supermoderne Gefährt stammten aus Deutschland. Der junge Architekt *Eckhart Muthesius* hatte die Salons und Schlafkabinen eingerichtet.

Gebaut wurde der Doppeltriebwagen in England, wie mir der deutsche Architekt in einem persönlichen

Gespräch berichtet hat. »Wir hatten den Waggon in Deutschland geplant und ich hatte bei den deutschen Firmen angefragt, ob sie die Ausführung übernehmen könnten. Die waren aber damals so sehr mit Salonwagen für die Größen des Dritten Reichs beschäftigt, daß ich – was mir sehr recht war – nach England ging. Bei Gloucester Railway wurde der moderne Wagen 1937 gebaut und nach Indien geliefert.«

Eckhart Muthesius zeigte mir in seinem Berliner Atelier noch alte Pläne und Fotografien.

»Das Besondere an dieser Inneneinrichtung war, daß ich alle Möbel um circa 15 Prozent kleiner anfertigen ließ, so daß die Raumausstattung des Salonwagens durch diesen optischen Trick größer wirkte, als sie in Wirklichkeit war. Selbst das Besteck ließ ich etwas kleiner anfertigen, maßstabsgetreu für die feinen, indischen Hände.«

Ähnlich ausgeklügelt in Technik und Detail war auch der Palast in Indore.

Ein indischer Bauherr mit westlichen Ideen

Der letzte Regent von Indore, Yeshwant Rao Holkar Bahadur, hatte als Fünfundzwanzigjähriger, als er am 9. Mai 1930 den Thron des indischen Königreichs Indore bestieg, sofort den Bau des großen Maharadscha-Palastes, den sein Vater begonnen hatte, stoppen lassen und gleichzeitig mit Antritt seiner Regentschaft versucht, die neuesten und fortschrittlichsten Stilideen aus Westeuropa in seinem Königreich auf ideale Weise zu verwirklichen.

In jungen Jahren hatte der aufgeschlossene Prinz in Paris, Berlin und London die modernen Tendenzen der Architektur, Kunst und Literatur kennengelernt. Jazzfan und Dandy, Maharadscha und Mäzen, Ästhet und Weltmann verbanden sich in dieser sagenhaften Gestalt. Darüber hinaus war Yeshwant Rao Holkar Bahadur Herrscher über zwei Millionen Untertanen, davon 6 200 Soldaten und 3 100 Reiter.

YESHWANT RAO HOLKAR
Maharadscha von Indore und Mentor eines Art-Déco-Gesamtkunstwerkes, für dessen Realisierung er Eckart Muthesius gewann.

Kolonialausstellung 1931. Die Eingeborenenkunst und die Kunstwelt der französischen Hauptstadt standen bei diesem Spektakel im Rampenlicht.

Der französische Schriftsteller und Autor von ›Jules et Jim‹, Henri Pierre Roché, machte ihn in Paris mit dem Wegbereiter der modernen Skulptur, Constantin Brancusi, sowie mit dem Avantgardisten Marcel Duchamps bekannt.

Der Fotograf und Maler Man Ray fotografierte den Monarchen, der französische Maler Bernard Boutet de Monvel schuf von ihm und seiner Gattin zwei Gemälde, die das Herrscherpaar in extravaganter und westlicher Pose zeigen.

Ein Palast nach Plänen eines deutschen Architekten

Daß es zu diesem großen und einmaligen Auftrag an den damals fünfundzwanzigjährigen deutschen Architekten Eckhart Muthesius kam, war einer Zufallsbegegnung in Oxford zu verdanken. In einem vor einiger Zeit geführten Gespräch hatte mir der Designpionier Muthesius detailgenau berichtet, wie er 1930 auf einer Gartenpartie die Bekanntschaft mit seinem späteren Bauherrn machte. Dieser hatte sich für seine neue Residenz von einem französischen Architekten Pläne anfertigen lassen, war

DOMINIQUE *(André Domin/Marcel Genevrière) Sekretär aus Palisander, dreißiger Jahre.*

Rechts ECKART MUTHESIUS *Roter Sessel aus der Bibliothek des indischen Manik-Bagh-Palastes.*

aber mit der Konzeption sichtlich unzufrieden und wandte sich an den jungen Muthesius, um ihn um Rat zu fragen. Zwei Stunden später hatte der Deutsche den Auftrag, denn er schien ein besseres Empfinden dafür gehabt zu haben, was dem indischen Monarchen vorschwebte. Dieser, nahezu besessen von westlichen Ideen, wollte in Indien ein großes Ensemble schaffen aus dem Besten, was es an westlicher Avantgarde gab. Der frischgebackene Hofarchitekt eilte nach Berlin, um dort mit den Planungen zu beginnen, und konnte bereits drei Wochen später dem Inder die ersten großen Farbansichten vom Manik-Bagh-Palast unterbreiten.

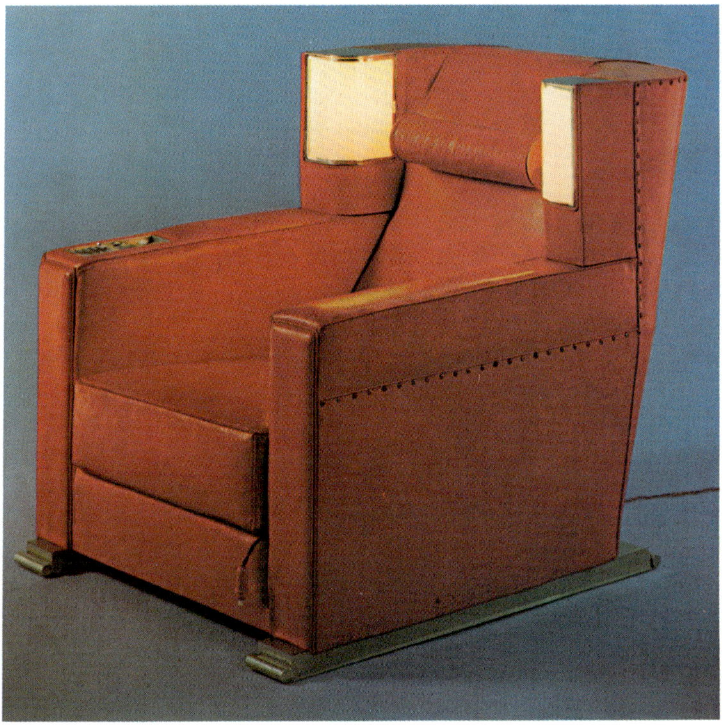

Bei diesem interessanten Projekt gab es einiges zu bedenken, was für europäische Verhältnisse unüblich ist. So mußten fast alle Trakte des Palastes mit gedeckten Veranden umgeben werden. Neben dem Sonnenschutz hatte diese Baumaßnahme ihre Begründung in der indischen Gesellschaftstradition: Bedienstete, die einer niedrigeren Kaste angehörten, durften nicht durch dieselbe Türe den Raum betreten wie die Herrschaften, so daß die Veranden dazu benutzt wurden, um ihnen Zugang in die Räume zu verschaffen. Solche baulichen Maßnahmen bekommen dann noch mehr konkretes Leben, wenn man sich vor Augen hält, daß im Palast in den dreißiger Jahren dreihundert Diener und fünfhundert Gärtner beschäftigt waren.

RENÉ HERBST
Toilettentisch aus verchromtem Stahl für Aga Khan. Dieser Entwurf war sehr avantgardistisch.

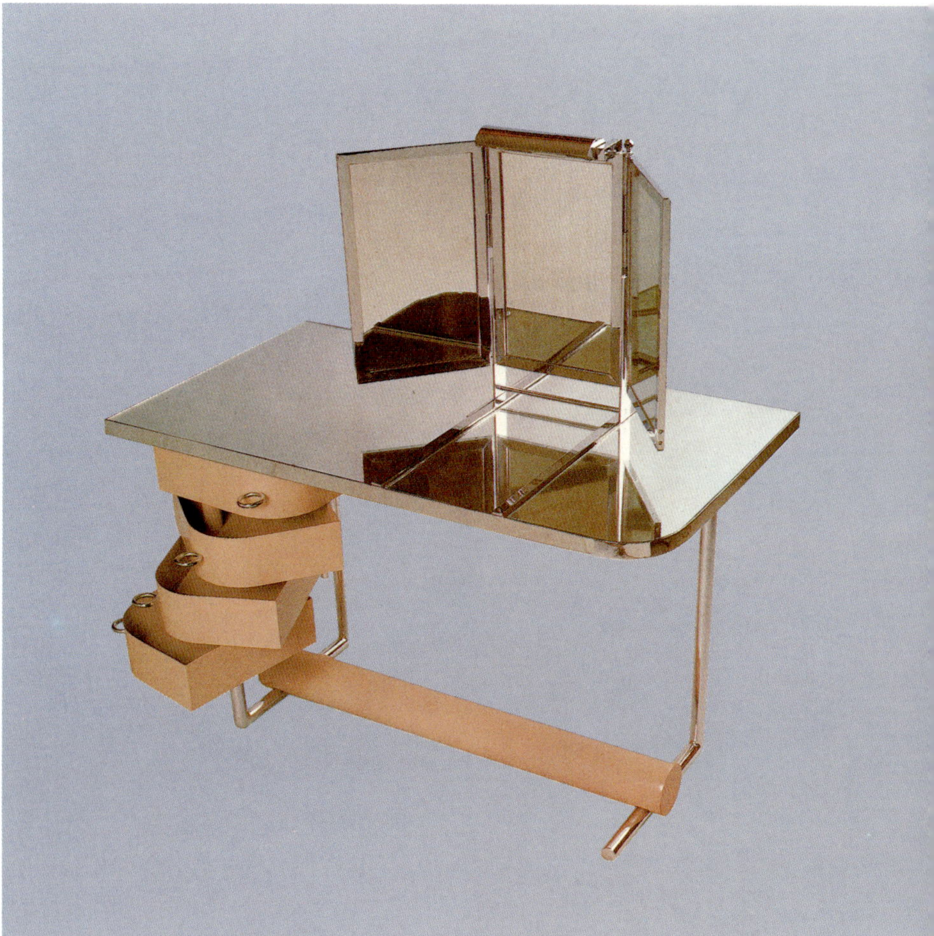

LE CORBUSIER / CHARLOTTE PERIAND *Liege des Maharadschas von Indore, gefertigt von Thonet, 1928.*

Modernes Interieur aus Berlin und Paris

Das Außergewöhnliche dieses Bauvorhabens liegt jedoch darin, daß nahezu alles in Deutschland vorgefertigt wurde. Die große Aircondition – die erste ihrer Art in Indien – wurde von einer Firma in Görlitz konstruiert und gebaut, die Stahltüren, hochmodern mit Rauchglas ausgefüllt, kamen ebenfalls aus Deutschland wie sämtliche Beleuchtungseinrichtungen, die modernen Schiebetüren, die Markisen und die Stromaggregate.

ECKART MUTHESIUS *(Architektur)* LOUIS SOGNOT *(Bett)* DA SILVA BRUHNS *(Teppich)* LE CORBUSIER *(Liege)* *Schlafraum des Maharadschas von Indore in den 60er Jahren.*

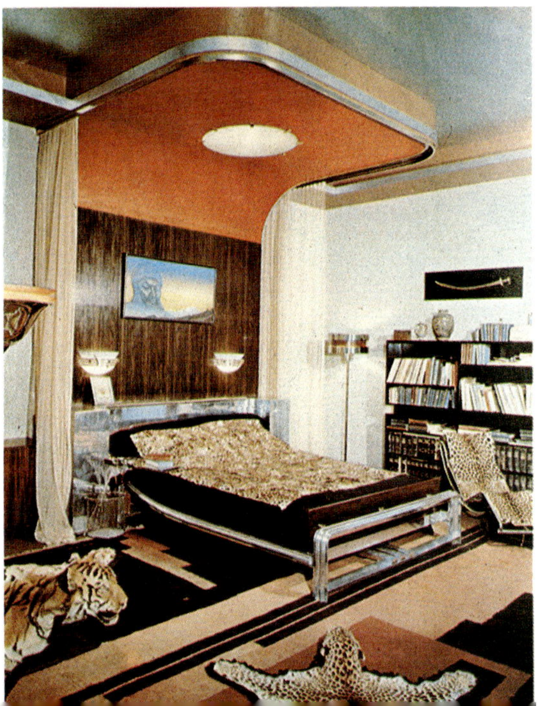

Selbst die Marmorböden ließ Muthesius in Deutschland zurechtschneiden und montieren, ehe sie dann, wie alle Möbel und Bauteile aus Metall, von Bremen aus auf drei Schiffen 1932 nach Indien abgingen.

Das Raumprogramm für den Maharadscha-Palast war gigantisch. Es gab einen langgezogenen Speisesaal mit indirekter Beleuchtung für große Staatsbankette mit einem von Muthesius entworfenen Tisch, dessen Platte von unten beleuchtet werden konnte, einen großen Konzertsaal, ein Kino, Badezimmer aus farbigem Glas, eine Bibliothek mit mehr als fünftausend Bänden, Verwaltungszimmer, Gästezimmer, kleinere Musiksalons, ein großes Regierungszimmer für Ministerbesprechungen, das mit Möbeln des Pariser Nobeldesigners Emile-Jacques Ruhlmann ausgestattet war. Den Höhepunkt an modernistischem Geschmack stellten jedoch die Privatgemächer dar.

Alte Dokumentarfotos von 1933 zeigen neben dem großen Herrscherbett einen eleganten Stuhl von Eileen Gray, schräg gegenüber eine Coiffeuse aus Spiegelglas und Chromstahl. Besonders wichtig für die Stimmung in den Räumen waren die mit Wellenlinien und Quadraten komponierten Teppiche von Da Silva, die extra für die Räume in Paris angefertigt wurden. Ebenfalls im Schlafzimmer befand sich eine Stahlrohrliege von Le Corbusier, mit einem Leopardenfell überzogen, die von der französischen Zweigniederlassung der Firma Thonet stammte.

Von diesem in den frühen dreißiger Jahren realisierten Art-Déco-Ensemble ist heute nichts mehr an Ort und Stelle erhalten. Als ich nach mühevoller Reise am Manik-Bagh-Palast in Indore ankam, hatte sich in den ehemaligen Gemächern bereits das Polizeipräsidium von Indore niedergelassen und luxuriöse Eleganz durch bürokratischen Amtsmief verdrängt. Das Original-Mobiliar wurde am Pfingstsonntag 1980 in Monaco von Sotheby's versteigert und damit in alle Welt verstreut. Die hohen Preise, die hier erzielt wurden, machten einen bislang vergessenen Architekten und sein Jugendwerk weltberühmt.

Europa: Internationaler Stil in den dreißiger Jahren

Der amerikanische Innenarchitekt Paul Frankl bedauerte einst, daß man die Wolkenkratzer nicht nach Europa schicken konnte: »Sie hätten einen größeren Einfluß auf die moderne Kunst als alles zusammengenommen, was in Europa geschieht.«

Diese Äußerung ist typisch für die dreißiger Jahre und den ›American Modernism‹. Aber auch in Europa blieben Einflüsse, die ursprünglich gar nichts mit einem Möbelstück zu tun hatten, nicht ohne Auswirkung. 1936 hatte der Surrealist Salvador Dali ein Sofa in Form der schönen Lippen von Mae West gestaltet – natürlich in Purpurrot.

In England gab es gläserne Cocktailmöbel aus ›Peach Mirror‹, pfirsichfarbenem Spiegelglas. Jene ›Mirror Cocktail Cabinets‹ existierten auch in blauem, grünem oder farblosem Spiegelglas. Glas, Chrom, markante Formen bestimmten die Möbel, wobei billige Massenprodukte genauso apart aussehen konnten wie teure Superstücke. Das ›Savoy‹ und das ›Claridge‹-Hotel in London gaben ›den Ton an‹, in Paris die feinsten Einrichtungshäuser. Schon ein Name wie ›Practical Equipment Ltd.‹, kurz ›P.E.L.‹, charakterisiert die Stimmung der Zeit: Apartes billig und praktisch zugleich anzubieten.

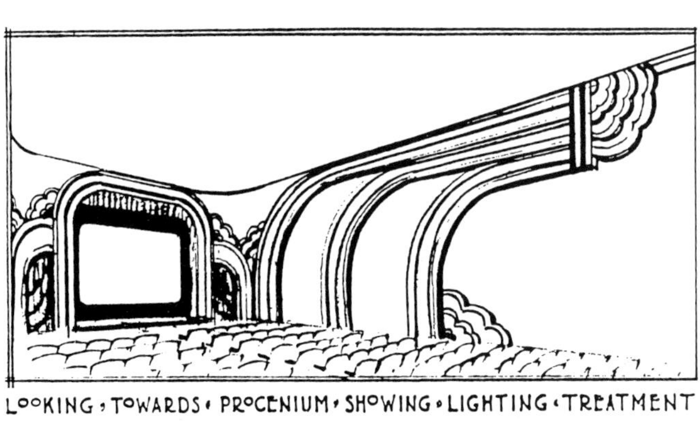

JACK LIEBENBERG *›Blick auf Proszenium mit Beleuchtungskonzeption‹, Skizze des Zuschauerraums des Astor Theater.*

MAURICE BARRET
›Bureau moderniste‹ aus verchromtem Metall und farbig lackiertem Holz, ca. 1935.

LOUIS SÜE *und*
ANDRÉ MARE
Chiffonière im traditionalistischen Stil aus Palisander und Wurzelholz, 1923.

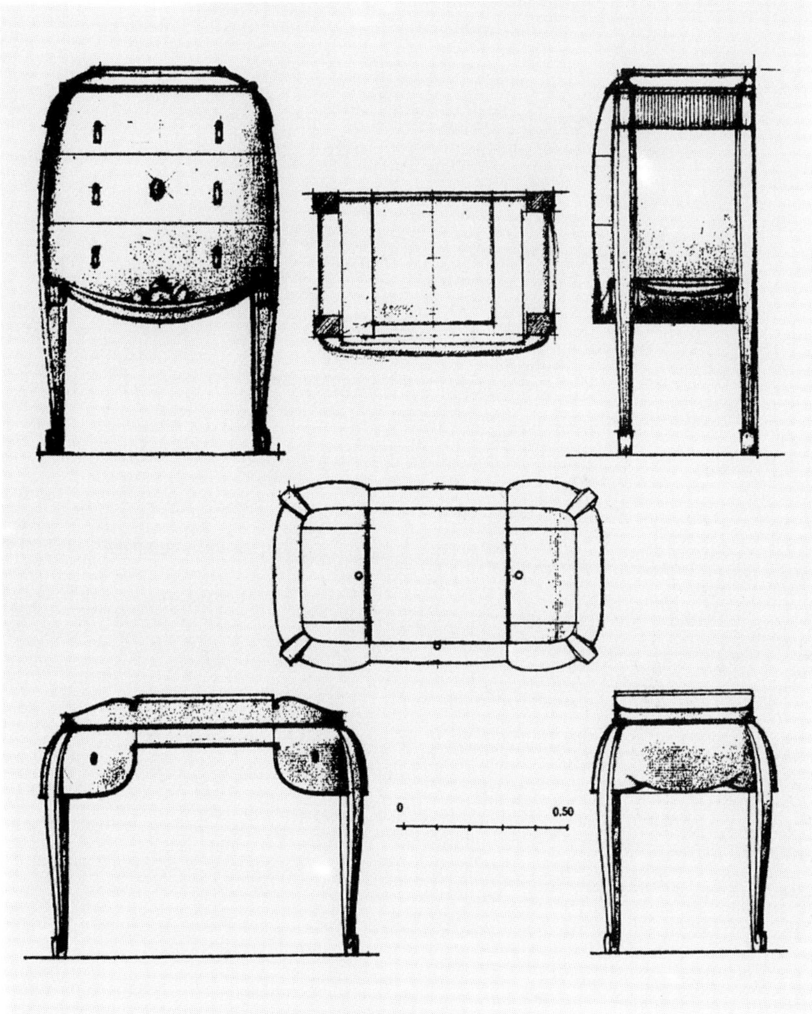

LOUIS SÜE *und* ANDRÉ MARE
Möbelstudien für eine Chiffonière und eine Coiffeuse.

DOMINIQUE *(André Domin/Marcel Genevrière)*
Sekretär auf geschweiftem Fuß,
Front mit Pergament bespannt,
Rahmen aus Makassar.

Ein vielfältiges Spektrum an Formen und Ideen

Als Mitte der zwanziger Jahre die Stahlrohrmöbel erfunden wurden, gab es vor allem für die Designer in Deutschland, Frankreich und England ein weites Betätigungsfeld.

Nicht nur Mies van der Rohe, Mart Stam und Marcel Breuer entwarfen Möbel in gebogenem Rohr, sondern auch die Franzosen René Herbst, Le Corbusier und Sognot.

Vor allem jene ›Practical Equipment Ltd.‹ in England brachte formschön gestylte Sitzgarnituren, Tische, Betten und Stühle heraus, die durchaus mit Entwürfen, wie sie etwa vom Dessauer Bauhaus hergestellt wurden, vom deutschen Bauhaus konkurrieren konnten.

Sosehr auch die Versuche, dem Möbel eine zeitgemäße Form zu geben, der Kritik ausgesetzt waren, zeigen Formen und Einstellungen der Künstler heute selten ein so vielfältiges Spektrum wie in den ersten vierzig Jahren dieses Jahrhunderts.

So unterschieden sich die Stile in den einzelnen Städten Europas ebenso wie die eines jeden aufeinanderfolgenden Jahrzehnts.

Das gilt ebenso für jenen Wellenstil von Henry van de Velde, den der deutsche Kaiser Wilhelm II. als Seekrankheit bezeichnete, wie für die surrealistisch anmutenden Gebilde des Parisers Hector Guimard, dessen Métro-Eingänge Pablo Picasso ›Nudelstil‹ nannte, weil sie aus einem Gewirr verschlungener Linien zusammengesetzt zu sein scheinen.

Der Surrealist Salvador Dali hingegen rühmte später die spirituelle Größe jener Schöpfungen, die gleichzeitig mit den literarisch prätentiösen Möbeln von Emile Gallé entstanden.

Gleichzeitig sprach der Architekt und Kulturkritiker Adolf Loos zynisch von einer ›Haftverschärfung‹ für denjenigen, der in einem von van de Velde entworfenen Zimmer leben müßte.

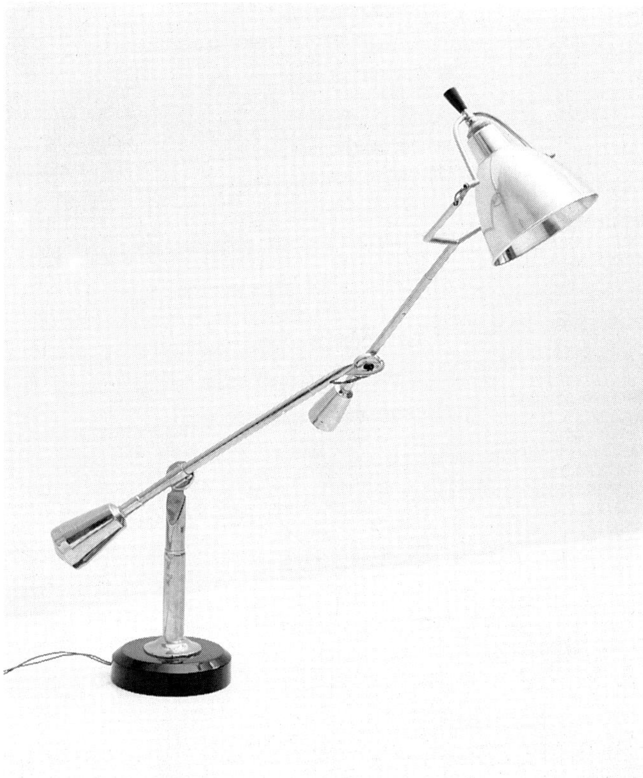

EDOUARD-WILFRED BUQUET
Gegengewichtslampe, ca. 1930.

Rechts
LOUIS SOGNOT
Raumteiler und Clubsessel aus ›Repertoire du Goût Moderne‹, 1929.

Bei allen Stilen und Formen jedoch hatten die Künstler ein gemeinsames Ziel: Sie wollten die blutleeren Imitationen vergangener Zeiten überwinden. Dazu gingen sie verschiedene Wege und setzten sich – jeder auf seine Weise – das Ziel, ein eigenes Universum zu schaffen, teils poetisch, teils abstrakt, teils wie Linienmusik und teils als tiefschürfende Mystifikation.

Seit dem Jugendstil glich das Möbeldesign dreißig Jahre lang einem großen Laboratorium, in dem neue Wege ausprobiert wurden.

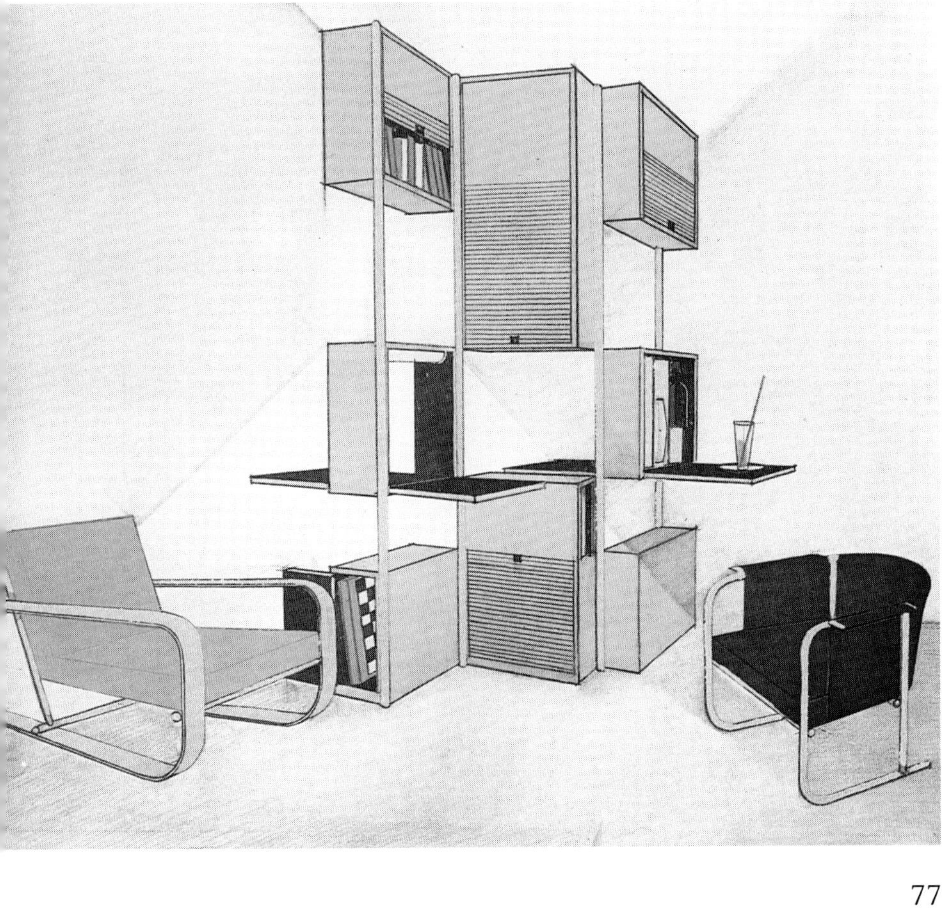

ANONYM
Bureau, komponiert aus geometrischen Formen. Die rationale Architektur hatte auf die Gestaltung von Möbeln einen unverkennbaren Einfluß.

JACQUES ADNET
Bibliothek in Totemform. Adnet ist der führende Vertreter des architektonischen Art-Déco-Stils.

Links
MADELINE, LEBOUT, MADELEIN
Neugestaltung des Glasdaches für das Pariser Grand Palais, 1930.

EILEEN GRAY
›Transatstuhl‹ (Transatlantique)
mit Lederpolsterung, entworfen 1924,
patentiert 1930.

MARCEL BREUER
Experimentalstuhl von 1922.
Der Einfluß von De Stijl ist unverkennbar.

ANONYM

Beistelltisch aus Wurzelholz.
Für viele Möbel waren stereometrische Formen in asymmetrischer Anordnung ein Kompositionsprinzip.

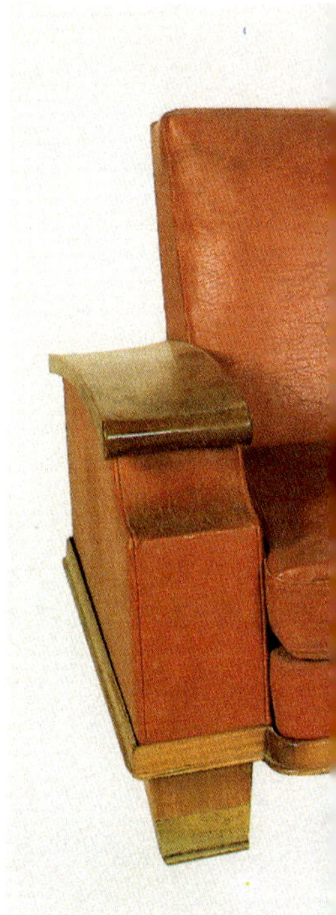

Oben
ANONYM
Clubsessel, französisch, dreißiger Jahre.

Rechts
ANONYM
Clubsessel, englisch, dreißiger Jahre.

ANONYM

Radio, USA, späte dreißiger Jahre. Der Einfluß von Hollywood ist bei der spektakulären Gestaltung des Gehäuses offensichtlich.

VATICAN
LISBON
BRAZZAVIL.
PARIS
MOSCOW
PORTUGAL
DAKAR
ATHENS
BUDAPEST
KARACHI
CAIRO
ALLOUIS
ANKARA
LONDON
DJAKARTA
M.CARLO
RABAT
BOMBAY
DELHI
DJEDDAH
WARSAW
ANDORRA
CAPE TOWN
P.O G.O O.C BE1 BE2 P.U

ANONYM

Englische Vitrine in Sperrholz-bauweise, dreißiger Jahre.

WELLS COATES

Radio AD 65 1933 für Ekco, Bakelitgehäuse.

HEROLD VAN DOREN / J. G. RIDEOUT

Radioapparat ›Air King‹ in Wolkenkratzerform, New York, frühe dreißiger Jahre.

WALTER DORWIN TEAQUE
Radio in Spiegelform, dreißiger Jahre.

ANONYM
Stahlrohrsessel des englischen Herstellers Pel (Practical Equipment Limited) Ltd., 1932–1936.

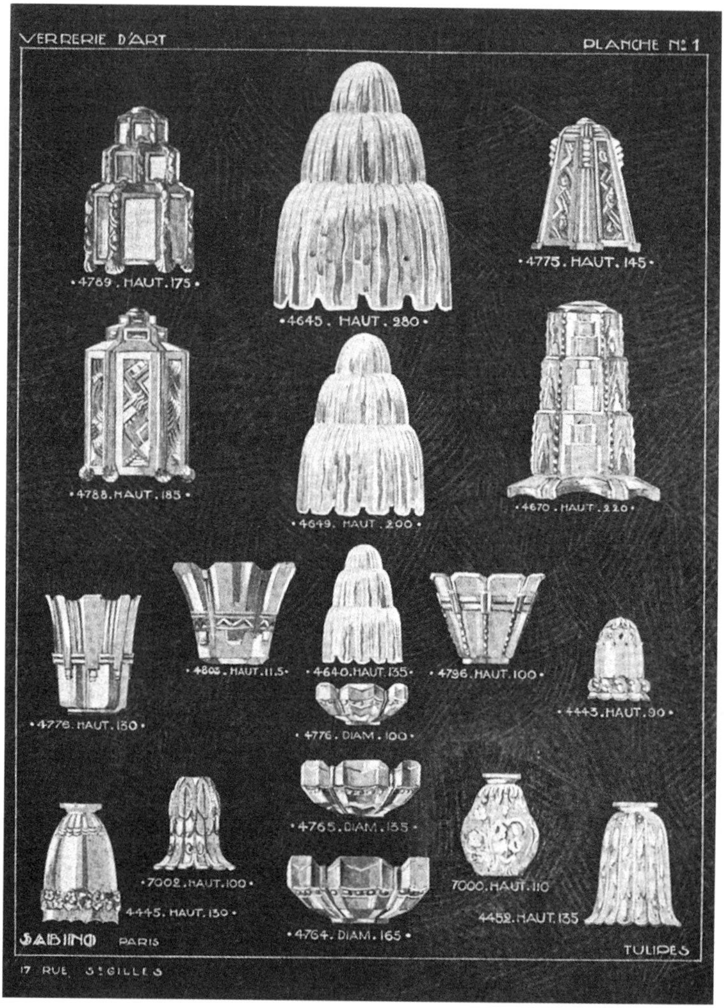

SABINO

Katalog für dekorative Lampenteile aus Preßglas.

Rechts

Lichtarchitektur (Projekt), Frankreich 30er Jahre.
Art Déco diente auch propagandistischen Zwecken wie hier als Rahmenarchitektur für eine Weltausstellung.

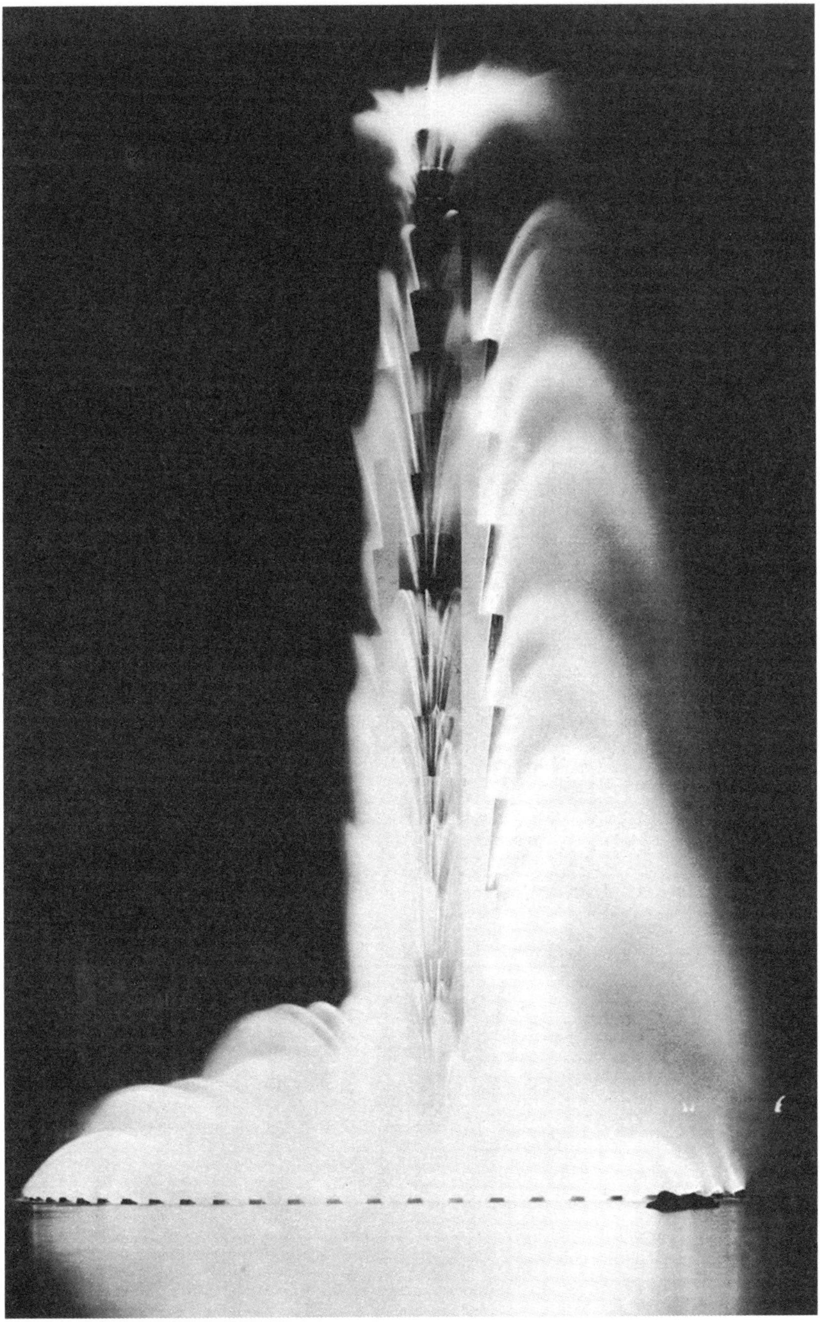

GLAS UND KERAMIK

Art-Déco-Glas: Kunst und Styling

Wenn man die zwanziger Jahre einmal vom künstlerischen Standpunkt ins Auge faßt, stellt man fest, daß sich in der Mitte des Jahrzehnts unversöhnlicher als je zuvor zwei Tendenzen, zwei Zivilisationen gegenüberstanden: die eine, traditionsgebundene Erbin des 19. Jahrhunderts, bürgerlich und nationalistisch der Überlieferung verpflichtet und an technische und stilistische Begrenzungen gebunden; die andere kompromißlos der Moderne, der zweiten industriellen Revolution verbunden.

Zwei Denksysteme standen sich gegenüber: Askese und Luxus. Auf der einen Seite sind uns luxuriöse, fast überspannte Objekte bekannt, die einer nach Neuem dürstenden Gesellschaft angeboten wurden, welche sich zwischen den Kriegen in Extravaganz und Überfluß gefiel. Daneben entstand eine Bewegung, die sich bewußt den Erfordernissen und Möglichkeiten einer technisierten Massengesellschaft anpaßte und in ihr neue, künstlerische Maßstäbe zu finden suchte. Dennoch gab es eine Verbindungslinie zwischen den beiden Welten, denn beide schöpften aus den gleichen Quellen der Ästhetik. Beide gründeten auf dem Kubismus, aber sie interpretierten ihn unterschiedlich. ›Art Déco‹ entlieh dem Kubismus die geometrische Form und schuf ein geometrisches Dekor; der ›Esprit Nouveau‹ aber begriff eher die analytische Betrachtungsweise der Kubisten, die realistische und objektivierende Formensprache.

Seite 90
ANONYM
Dosendeckel aus Preßglas mit stilisierter Revuetänzerin. Viele bislang traditionell arbeitende Fabrikanten stellten sich auf Massenartikel im Zeitgeschmack um.

Paris wurde noch einmal zum Zentrum jedweder Kunstbewegung. Man brauchte abends nur ein paar Schritte im Umkreis des ›La Coupole‹ zu tun, um Leuten wie Man Ray, Dérain, Fernand Léger, Jean Cocteau, Picasso oder Max Ernst zu begegnen. Die russischen Emigranten hatten ihr Hauptquartier in der ›Rotonde‹ aufgeschlagen oder, wenn sie knapp bei Kasse waren, im ›Select‹, wo es billiger war. Abends pflegte Diaghilew dort zu spazieren, Tänzer und Musiker in seinem Kielwasser nachziehend. Das Publikum scharte sich um André

Breton, hing an seinen Lippen, wenn er aus seiner Zeitschrift ›Le Surréalisme et la Révolution‹ vorlas. Um Gertrude Stein versammelte sich der amerikanische Zirkel, Ezra Pound, T. S. Eliot und Henry Miller. Eine schier endlose, funkelnde Kette leuchtender Namen im Paris der zwanziger Jahre.

Neben ungeheurer künstlerischer Vitalität wurde die Zeit darüber hinaus jedoch von ganz neuen Begrifflichkeiten geprägt: Geschwindigkeit, Maschine, reine Farbe, geometrische Form, Massenproduktion, industrielle Fertigung. Werbung und Fotografie öffneten ihr reizvolles und zugleich gefahrvolles Metier. Die Aufgaben der angewandten Kunst änderten sich. Es galt nicht mehr allein den ›Glasservant‹ mit dekorativer Kleinkunst zu schmükken, sondern Flugzeuge, Eisenbahnen und Autos sollten, dem damaligen Luxusverständnis entsprechend, das sie präsentierten, in die ›dekorative Kunst‹ einbezogen werden.

Es ist hier nicht die Absicht, dank einer möglichst großen Zahl von Objekten oder mit einem möglichst umfangreichen Namenskatalog eine Zeit zu charakterisieren, sondern ein Stilphänomen anhand hervorragender Einzelleistungen zu definieren.

In jedem der vorgestellten Glas- und Keramikkünstler begegnen wir der Individualität des einzelnen und seiner künstlerischen Vision; darüber hinaus jedoch auch den ihn prägenden Lebensumständen, dem Bild einer Epoche, das sich wiederum mittels des Künstlers materialisiert.

Von der Staffelei an den Glasofen: Maurice Marinot

Aus den Reihen der malenden ›Provokateure‹, die anläßlich des dritten Salon d'Automne 1905 die Öffentlichkeit mit ihren Bildern schockierten, kam der große französische Glaskünstler der zwanziger Jahre, *Maurice Marinot* (1882–1960). Der Malerei und dem Gedankengut seiner Freunde, die mit ihm ausgestellt hatten: Matisse, Dérain, Jean Puy, Valtat, Vlamnick, Van Dongen blieb er sein Leben lang treu. Im Ausdrucksmittel Glas jedoch gelangte er zu einer Vollkommenheit, die ihm in der Malerei nicht beschieden war. »Ein Glas von Marinot: Nie zuvor habe ich etwas so Schönes gesehen, das zugleich so kostbar und so einfach ist«, schrieb sein Freund André Dérain.

Maurice Marinot, aus kleinbürgerlichen Verhältnissen stammend, schien die Künstlerkarriere nicht vorgezeichnet. Sein Vater, der eine Strumpfwirkerei besaß, war entsetzt, als der Sohn kurz vor dem Abitur die Schule verließ und sich an der ›Ecole des Beaux-Arts‹ einschrieb. Der Maler Cormon nahm Marinot unter seine Fittiche. Doch kam es bald zu Zwistigkeiten, als der Schüler sich nicht länger dem akademischen Stil des Meisters unterwerfen

MAURICE MARINOT *Zwei Flakons und eine Vase mit angedeutetem Gesicht, 1925–1935. Der ehemalige Fauve-Maler schuf nur 2500 Unikate aus Glas.*

ANDRÉ TURET
und
SCHNEIDER
(Lunéville)
Vasen aus hand-gefertigtem Kristallglas, bei denen die Schwere des Materials zum Ausdruck kommt und auf Dekore verzichtet wird.

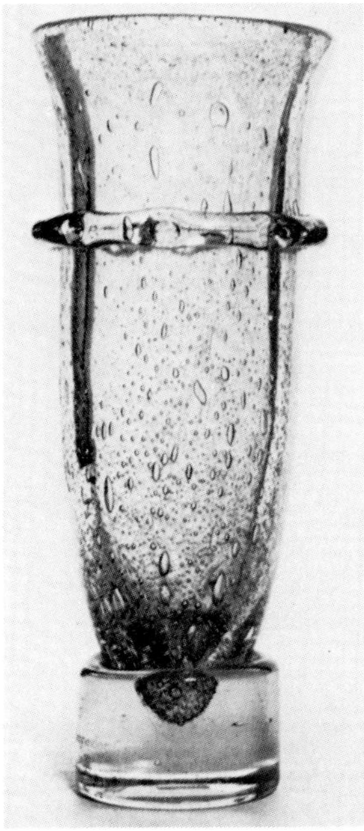

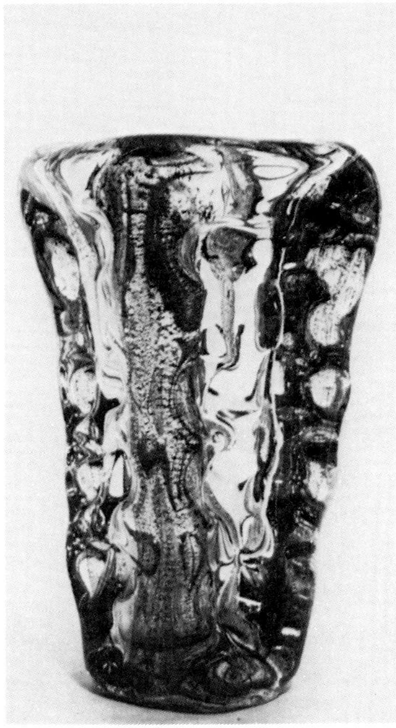

mochte. Nur in Abwesenheit des Malers, unterstützt durch seine Kameraden, benützte er dessen Atelier, um weitermalen zu können. Beim Eintreffen des Meisters floh er durchs Fenster. Zugleich zeichnete er überall: im Restaurant, auf der Straße, im Theater. Wenig kontaktfreudig, führte er ein einsames Leben in einem kleinen Hotelzimmer, beheimatet nur im Kreis der von ihm bewunderten Fauves. Dennoch kehrte er 1905 zurück in sein Elternhaus nach Troyes. Lediglich zur Teilnahme am Salon d'Automne und am Salon des Indépendants kam er nach Paris. Trotz seiner erfolgreichen Teilnahme an der Exposition der Armory Show (New York, Chicago, Boston), gemeinsam mit Marcel Duchamp, Picabia, Kandinsky und Léger, beschloß er noch im selben Jahr, seine Werke nicht mehr der Öffentlichkeit preiszugeben. Er malte weiter, jedoch in selbstinitiierter Vergessenheit.

Entscheidend beeinflußte diesen Schritt ohne Zweifel seine Begegnung mit ›Glas‹ 1911. Bei einem Besuch seiner Freunde, den Glasbläsern Eugène und Gabriel Viard, in Bar-sur-Seine ergriff ihn nach eigener Aussage ein wildes Verlangen nach diesem neuen Metier. Beeindruckt von seinem Enthusiasmus unterstützten die Brüder Viard seine ersten Bemühungen und stellten ihm während der Abend- und Nachtstunden das Atelier zur Verfügung. Bis zur Auflösung des Ateliers im Jahr 1937 entstanden hier die Meisterwerke des größten Glaskünstlers der Epoche.

Bis 1923 fertigte Marinot Gläser, die nach seinen Anweisungen geblasen und von ihm selbst mit Emailmalerei versehen wurden. Später übernahm er auch den Arbeitsprozeß des Glasbläsers und vollzog so den allmählichen Wandel vom Maler, dem die Glasoberfläche als Leinwand dient, zum eigentlichen Glasschöpfer. Nach einem kriegsbedingten Aufenthalt in Marokko widmete er sich mit wachsender Passion der Erforschung des Rohmaterials Glas. Mit der gleichen Entschiedenheit, mit der er seine Ausstellungstätigkeit als Maler beendet hatte, entwarf er nun seine emailgeschmückten Gläser.

»Glaskunstwerke voll geheimnisvoller Struktur und Farbe«

»Ein Glasmacher zu sein heißt, die transparente Masse am Ofen zu blasen. Es ist getan mit dem Atem der Lippen und den Werkzeugen, die dem Künstler zur Verfügung stehen. Das heißt, Arbeit in unerträglicher Hitze und Rauch, Augen voller Tränen und geschwärzten, verbrannten Händen. Ich glaube, daß ein schönes Stück Glas soviel wie möglich vom Atem, der es entstehen ließ, enthalten sollte, daß seine Form ein Moment im Leben des Glases sein sollte, die am Abkühlen fixiert wurde«, schrieb Marinot im Jahr 1922. Die Glaskunstwerke, die er von nun an ins Leben rief, waren lebendige Naturereignisse in Glas, voll geheimnisvoller Struktur und Farbe. Diese entscheidende Schaffensperiode läßt sich in drei Gruppen unterteilen:

»Der Erfolg meiner langen Bemühungen um Glas, einer für mich überaus leidenschaftlichen Periode, Hingabe für jedes einzelne Stück, ist der Kampf zwischen dem lebendigen Atem im Inneren und der Anwendung des Handwerkszeugs für die äußere Form. Diese beiden Kräfte spielen alternativ miteinander. Der unterschiedliche Rhythmus, durch die verschiedenen Druckverhältnisse hervorgerufen, widerspricht sich, bricht gegeneinander, kreuzt sich, verändert sich, um einen eng zusammenhängenden neuen Organismus zu formen.«

Für seine Stücke entdeckte und entwickelte Maurice Marinot alle nur möglichen Techniken des Dekorierens in und mit Glas: Er verfeinerte die Oberflächengravur mit Flußsäure, den Schnitt mit dem Rad in großen Flächen, den Schnitt mit dem Feuerstein sowie den Kork- und Metallschnitt. Mitte der zwanziger Jahre gewann sein Werk zunehmend die große Variationsbreite, die ihn zum Vorbild der Glaskünstler dieser Zeit werden ließ. Ab 1927 begann er seine Stücke heiß zu modellieren und zwischen zwei Glasschichten Email, Oxyde oder Luftblasen einzuschließen. In seinem berühmten ›Kaviarflakon‹ gelang ihm das scheinbar Unmögliche, regelmäßig geformte Luftblasen mit grauer Oxydation wie Perlen aufgereiht in Glas einzufangen. Mit Hilfe der Oxydation in grauer, moosgrüner oder schwarz-silbriger Färbung gestaltete er schwere Kristallgefäße, die dennoch durch die wolkenhafte Leichtigkeit der Farbeinschlüsse zu schweben scheinen.

Marinots Spitzenobjekte prägen die Glaskunst der zwanziger Jahre in dem Maße, wie es *Emile Gallé* (1864–1904) um 1900 tat. Und genau wie dessen Glasschöpfungen erzielen die Marinots heute Preise, die häufig die namhafter Gemälde in den Schatten stellen.

Nach Schließung der Werkstätten in Bar-sur-Seine widmete sich Marinot wieder ausschließlich der Malerei; sein Gesundheitszustand verbot ihm das Glasmacherhandwerk, 1960 starb er fast 78jährig nach langer Krankheit.

Die Epigonen Marinots waren zahlreich: Namhafte, Berühmte und Namenlose. Aber alle Erzeugnisse, seien sie manuell, seien sie industriell gefertigt, entbehren der letzten Vollendung, der formenden Hand des Poeten, der Hand Marinots.

Dickwandiges, mit Mineralienpuder und Oxyden durchsetztes Glas in verschwommener Farbgebung gestaltete *Henri Eduard Navarre* (1887–1971). Er machte sich dabei den Mechanismus moderner Glaspreßkunst zunutze. Man formte das Glas mit einer durch Hebeldruck betätigten Presse in Hohlformen aus Eisen oder Messing.

MAURICE MARINOT
Flakon aus grünem Glas mit extrem kräftigen Ätzungen.
Marinot verschrieb sich einer nicht industriellen Glasproduktion und der damit verbundenen unikatartigen Ästhetik.

Rechts:
GABRIEL ARGY-ROUSSEAU
Schale aus Pâte-de-Verre mit Silbermontierung und geometrischem Dekor.

Zur Veredelung wurden die geformten Stücke im Ofen stark erhitzt; dadurch erzielte man Glanz und verhältnismäßig ebene Flächen. Das fertige Glas unterschied sich vom geblasenen Hohlglas durch eine wellige Oberfläche mit abgerundeten Kanten. *André Thuret* (geb. 1898) und *Georges Dumoulin* arbeiteten hauptsächlich auf dem Gebiet der Verbindung des Kristallglases mit Oxydation; sie vervollkommneten diese Technik und fertigten Kristallgefäße mit eingefangenen Luftblasen und Farbpartikeln.

Im Unterschied zu Marinot waren die genannten drei Künstler auch als Designer für verschiedene französische Glasfirmen tätig.

Pâte de verre im Art Déco

Zwittergeschöpfe zwischen Keramik und Glas sind Objekte aus Glaspaste – aus Pâte de verre. *François Emile Décorchement*, der bereits um 1900 kleine, mattdurchscheinende Schalen mit leicht rauher Oberfläche gefertigt hatte, dekoriert mit durchbrochenen Blattfriesen, die häufig mit transparentem Fensteremail ausgefüllt waren, fand in den zwanziger Jahren zu einem eigenwilligen, ganz persönlichen Stil. Schon vor dem Krieg hatte er Kristallpaste, sogenannte Pâte de cristal, entwickelt, die er selbst mit Metalloxyden einfärbte. Neben dickwandigen, blasigen Gefäßen von heller, nur leicht getrübter Durchsichtigkeit mit farbigem Reliefschmuck, Verres épais, fertigte er robuste, schwere Gefäße, deren stilisiertes Blütendekor oder das geometrische Element sich der Form unterordneten. Die marmorähnliche, geäderte Glasmasse leuchtete in ausgefallener Farbigkeit: jadegrün, topasfarben, tiefblau und violett.

Der bereits im Jugendstil namhafte Pâte-de-verre-Künstler *Georges Desprez* fertigte in den zwanziger Jahren hauptsächlich kleine Statuetten, zum Teil direkte Imitationen der Tanagra-Figürchen.

Gabriel Argy-Rousseau (1885–1973) unterhielt eine eigene Werkstatt zur Herstellung von Ziergefäßen in Pâte-de-verre-Technik. Die Artikel waren klein und dünnwandig, mit zartfarbigem Medaillon- oder Blumenschmuck als Relief und von milchiger Transparenz. Anfang der dreißiger Jahre ging Argy-Rousseau dazu über, hauptsächlich Plastiken zu gestalten, jedoch nach eigenen Entwürfen und frei geformt.

DAUM FRÉRES
Vasen mit Art-Déco-Motiven aus geätztem Überlangglas.

Bedeutende Glas-Manufakturen und -Künstler in Frankreich

Die neben der von Emile Gallé bedeutendste Glasmanufaktur der Brüder *Auguste* (1853–1909) und *Antonin* (1864– 1930) *Daum* aus Nancy verstand es auch in den zwanziger Jahren, an den Ruhm, den sie während der Art Nouveau erreicht hatte, anzuknüpfen: In den turbulenten zwanziger und den folgenden schwierigen dreißiger Jahren blieben die ›Daum Frères‹ dem ›Fait à la main‹ treu, obgleich der Einsatz von Maschinen lukrativer wurde und somit auch ein wirtschaftliches Ungleichgewicht begünstigte. Ebenso war in diesen Zeiten die Kritik derer nicht zu unterschätzen, die modern mit maschinell gleichsetzen wollten. Yvonne Brunhammer bemerkte sicherlich zu Recht, daß es nur wenige Kunsthandwerker gab, deren manuell angefertigte Objekte auch als modern anzusprechen waren. Zu diesen Künstlern zählten Maurice Marinot, Emile Décorchement und eben die Gebrüder Daum in Nancy.

Um 1925 zeichnete sich bei den Gläsern der Gebrüder Daum ein deutlicher stilistischer Wandel ab: *Paul Daum* (1888–1944), der 1911 in die 1875 von Jean Daum gegründete Firma eintrat, fand zu einem eigenständigen Stil, der diesen zeittypischen Objekten ihre unverkennbare Wirkung verlieh. Die Gläser aus dieser Epoche sind meist einfarbig, dickwandig und oft mit einem strengen geometrischen Dekor versehen. Die Formen sind vielfältig, wobei jedoch, im Gegensatz zum Jugendstilglas, gleich dem Hang zum schweren Glas, ein adäquat oft monolither Körper bevorzugt wurde, der Vertrauen und Standfestigkeit vermittelt. Besonders die Tiefätzung verstärkt den Eindruck von kristallinischem Glanz und Festigkeit. Auch eine nahezu vertikale Wandung, eine breite Standfläche oder ein betont schwerer Glasfuß unterstreichen das Bestreben, in hohem Maße der Funktion und dem Material gerecht zu werden.

Einen besonderen Reiz vermitteln jene Stücke, die durch subtiles Lichtspiel von Ätzung und poliertem Glas die Form des Objektes und die Transparenz des Materials unterstreichen.

Ende der zwanziger Jahre trat der Dekor immer stärken zugunsten von Form und Material zurück. Vorherrschend wurden klare, oft zarte Farbtöne wie hellgelb, hellgrün, aquamarinblau, violett, apricot, rauchgrau, dunkelgrün, dunkelbraun – häufig zum Violetten tendierend –, bernsteinfarben und dunkelblau.

Ein besonderer Schwerpunkt der Manufaktur Daum galt im Art Déco, wie schon im Jugendstil, der Produktion aufwendiger Lampen. Diese Leuchtkörper, die meist kongenial von Paul Daum und Emile Wirtz entworfen wurden, waren zumeist monochrom und mit einem streng geometrischen Ornament versehen, das mit Hilfe von Säure im Relief in die Glasoberfläche geätzt wurde. Als besonders gelungen galten die Stücke, bei denen sowohl der Lampenschirm als auch der Standfuß aus Glas gearbeitet und beide Glasteile durch ein gleichmäßiges Licht erhellt wurden. Diese Lampen konnten sich zwar als eigenes Objekt behaupten, ließen sich aber dennoch dem Gesamtinterieur zuordnen. Die Bandbreite der Produktion war groß, es entstanden Lüster, Appliquen, Boden- und Tischlampen. Phantasievolle, manchmal geradezu üppige Metallfassungen wurden von Edgar Brandt oder Louis Majorelle geliefert.

Neue Stilgebung in den zwanziger Jahren

Neben der Manufaktur Daum bemühten sich zahlreiche französische Glasfirmen in den zwanziger Jahren um eine neue Stildefinition – teils im Sinne des Art Déco, teils im Sinne einer Serienglasproduktion, die der Neuen Sachlichkeit verpflichtet war.

Die renommierte französische *Cristallerie de Baccarat* fertigte vorzugsweise Gläser in klassischer Manier mit Email- oder Golddekorationen. Darüber hinaus finden sich jedoch auch ungewöhnliche, fast experimentelle Formen, da Baccarat stets bemüht war, wertvolle Kunstgläser neben der Serienproduktion zu fertigen.

Die französische Glasfabrik *Legras & Cie.* in St. Denis konzentrierte sich weiterhin, wie schon im Jugendstil, auf eine besonders delikate Behandlung der Glasoberfläche. Typische Merkmale dieser Produktion sind seidenmatt geätzte Überfänge in abgestuften Pastelltönen.

In der Nachbarschaft von Nancy, in Lunéville, hatten sich die *Muller Frères* mit ihren Art-Nouveau-Gläsern bereits einen guten Namen erworben. Bevor die Gebrüder zu Beginn des Jahrhunderts ihre Glasfabrik gründeten, hatten sie bei Gallé reiche Erfahrung im Umgang mit Glas gewonnen. In den zwanziger Jahren dekorierten sie ihre Gläser – wie schon vor dem Ersten Weltkrieg – mit hoch- und tiefgeätzten Darstellungen. Die dickwandigen, im Material schlichten Gefäße sind meist mehrfach überfangen und mit eingestreuter Silber- und Goldfolie belebt.

Im Zusammenhang mit hochrangiger Manufakturware wären noch die Gläser von *Charles Schneider* (1881 bis 1962), ebenfalls polychrome Überfanggläser, in Epinay-sur-Seine zu nennen, und die ebenfalls der genannten Richtung verpflichteten Gläser der Manufaktur *Le Verre Français*.

In Belgien beheimatet, jedoch formal der französischen Glasproduktion nahestehend, fertigte die Glasfabrik *Val St. Lambert* neben Gebrauchsgläsern – vor allem mit Schliffdekor – eine ansehnliche Kunstglasproduktion – Art-Déco-Kristallgefäße im Zeitgeschmack.

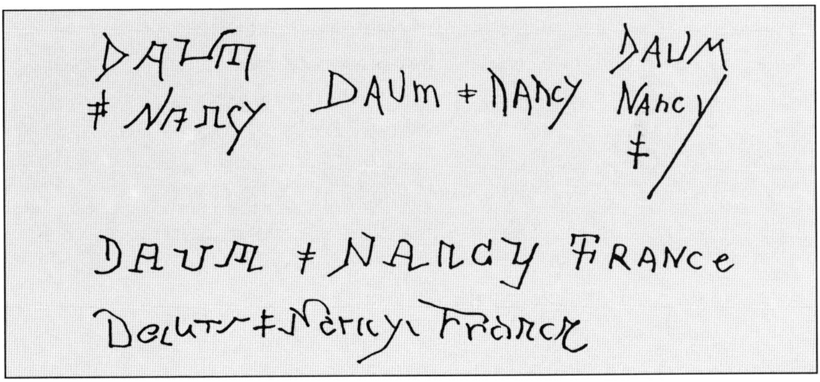

Signaturen der Manufaktur Daum um 1920.

Der 1886 geborene französische Glaskünstler *Marcel Goupy* war jahrelang Chef der Dekorationsabteilung für Gebrauchsglas bei *Géo Rouard*, einem Händler luxuriösen Gebrauchsglases mit eigenem Atelier, der unter anderem Navarre, Décorchement und Thuret vertrat. Marcel Goupy stand jedoch nicht im Schatten der berühmten Designer französischen Art-Déco-Glases, sondern entwarf bei den Käufern sehr begehrte schlichte Glasgefäße von brillanter Farbgebung. Unikate sind seine urnenfömigen Vasen, die zwischen zwei durchsichtigen Gläsern farbig strukturierte Emailschichten aufweisen, wobei der äußere Überfang, zumeist in Mattemail gold konturiert, Landschaften in der Art chinesischer Tapisserien aufweist.

Ebenfalls China als Vorbild, jedoch nicht im dekorativen Bereich, sondern den Werkstoff Glas betreffend, nahm sich *Georges Dumoulin*, der, von seinem Werdegang her eigentlich Keramiker, marmorierte Opakglasgefäße fertigte.

›Pâte de verre‹ ist das Material des in Barcelona geborenen französischen Glaskünstlers *Jean Sala* (1895 bis 1973). Sala entstammte einer katalanischen Glaskünstlerfamilie, die sich gegen 1906 in Frankreich niederließ, wo zunächst der Vater, dann aber auch der Sohn durch ihre Vasen und Objekte aus Kristallglaspaste, eingefärbt und modelliert, mit rauher, runzeliger Oberfläche, bekannt wurden.

Alméric Walter ist ohne Zweifel neben François Décorchement der bekannteste ›Glaspasten-Künstler‹. Um 1900 arbeitete er für die Glasmanufaktur Daum in Nancy, später dann selbständig.

Walter entwickelte eine neue Technik der Glasverarbeitung, indem er das Glas in der Masse einfärbte und anschließend modellierte. Seine Gefäße zeigen schlichte Umrißformen, der Dekor wurde aus der lebhaften Farbgebung gewonnen.

Zeitweilig hatte Walter eine so große Produktion von Glasgefäßen, daß er gezwungen war, zahlreiche Mitarbeiter zu beschäftigen.

René Lalique: ›Leitfigur in Glas‹

René Lalique (1860–1945) war der bedeutendste französische Kunsthandwerker. Von 1876 bis 1878 ging er bei Louis Aucoc in die Lehre, studierte anschließend zwei Jahre in London und kehrte dann nach Paris zurück. Dort fertigte er zunächst Entwurfszeichnungen für verschiedene Juweliere, bis er 1885 eine eigene Goldschmiedewerkstatt gründete. ›Le style Lalique‹ ist quasi die Essenz des Lebensstils und Lebensgefühls der zwanziger Jahre. In seinem gläsernen Werk spiegelt sich die Zeit.

Der gefeierte Schmuckkünstler des Jugendstils fertigte 1901 erstmalig Geschmeide aus klarem Kristallglas. Seit 1902 schuf René Lalique vorwiegend Einzelstücke im sogenannten Cire-perdu-Verfahren, Flachreliefs aus farblosem Glas für Lüster, Türfüllungen und Schmuckkassetten.

RENÉ LALIQUE *›Serpent‹-Vase aus rubinrotem Glas, um 1925.*

RENÉ LALIQUE
›Cinque Chevaux‹, Kühlerfigur aus Glas (ursprünglich für das Citroën-Modell 5 CV)

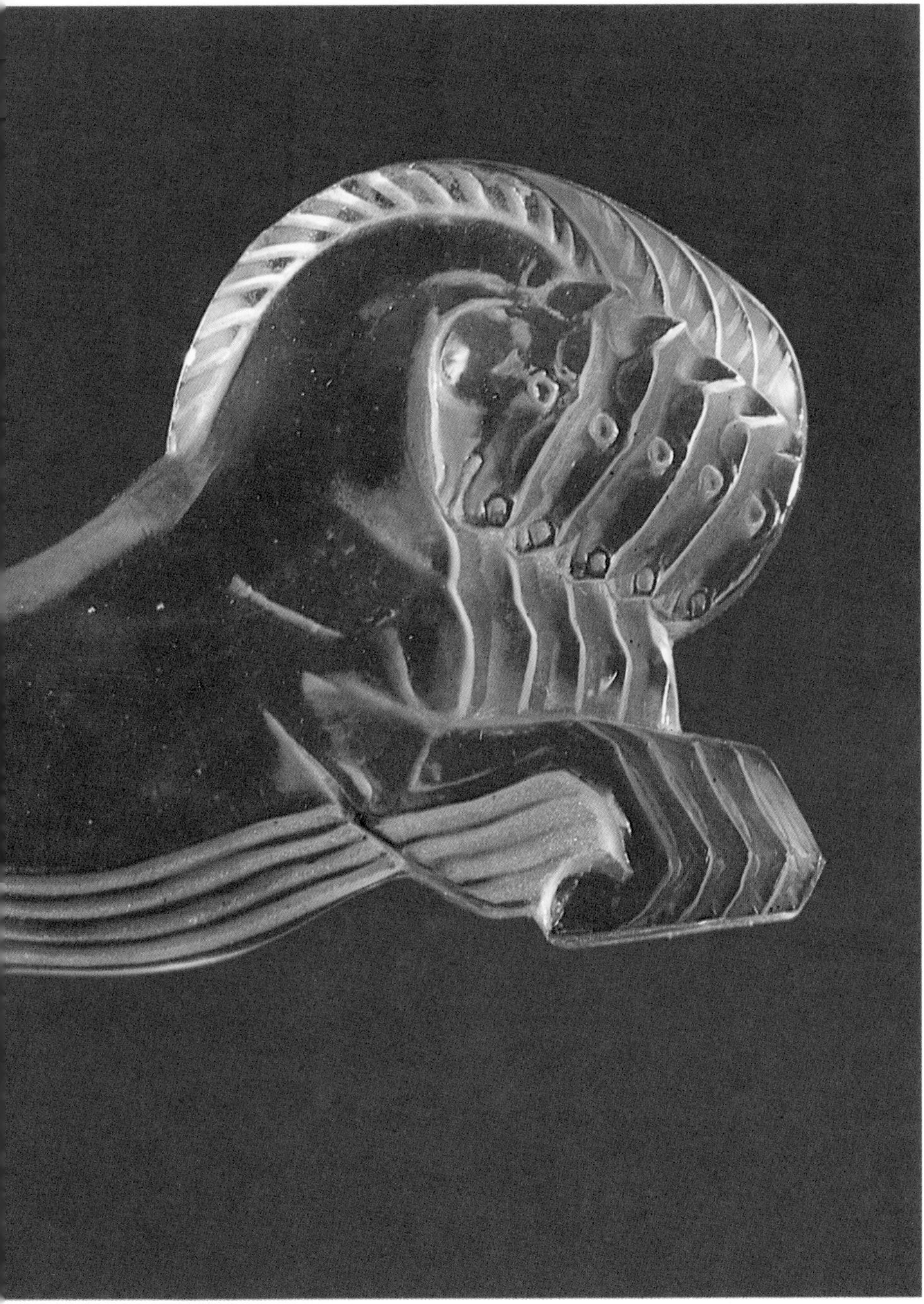

Entscheidend für seine Hinwendung zur Glaskunst dürfte der Auftrag des französischen Parfumfabrikanten François Coty gewesen sein, der 1907 erste Entwürfe für kleine Flakons bei Lalique in Auftrag gab. 1908/09 erfolgte die Gründung der eigenen Glasmanufaktur

RENÉ LALIQUE
Details von Vasen in verschiedenen Farben aus formgeblasenem Glas. Lalique sah im Guß- und Preßglasverfahren eine Chance, künstlerisch wertvolle Gegenstände auch in Großserie herstellen zu lassen.

Verreries d'Alsace zur Herstellung von in die Eisenform geblasenen Artikeln, wie Vasen, Lampen, Dosen, Plaketten und Schmuckstücken, mit Reliefdekor oder gravierten und zuweilen emaillierten Gläser- und Figurenmotiven. 1913 gab Lalique endgültig seine Tätigkeit als Juwelier auf, und 1918 kam es zur Errichtung der zweiten, größeren Glasfabrik, Verreries d'Alsace René Lalique & Cie. in Wingen-sur-Moder, Bas-Rhin, für Serienproduktion von monochromen Preßglasartikeln.

Im Gegensatz zu Maurice Marinot, der in einem Jahrzehnt nicht mehr als etwa 2 500 Stücke gefertigt hatte, gingen die Entwürfe René Laliques in große Serien: Die Massenproduktion im Kunsthandwerk war hiermit geboren.

Neben in weißem und opaquem Preßglas hat Lalique die verschiedenen Modelle auch in einer breiten Palette von Sonderfarben ausgeführt. Einige dieser Farbvarianten zählen heute zu den hochpreisigen und begehrtesten Sammlerstücken der Epoche.

Mit Sicherheit dürfte die Stückzahl der Kunstglasproduktion in den zwanziger und dreißiger Jahren die Zehnmillionengrenze überschritten haben.

Zur ›Leitfigur in Glas‹ für die zwanziger Jahre wurde Lalique jedoch nicht allein in seinen Vasen und Bibelots, seinen Trinkgefäßen, Schmuckstücken, Lampen und Statuetten, sondern vor allem auch in seinen in Architektur eingebundenen Glasentwürfen, Toilettenartikeln und Kühlerfiguren.

RENÉ LALIQUE
›Tourbillons‹-Vase (Detail) aus blauem, gegossenem und teilweise poliertem Glas.

Glasentwürfe für Kühlerfiguren

Ursprünglich waren zahlreiche ›Auto-Maskottchen‹ als Paperweight konzipiert. Erst dem ›Zeitgeist‹ Rechnung tragend, wurden sie um 1925 in ihrer Funktion entfremdet. Der erste, diesbezügliche Auftrag kam von Citroën im Jahr 1925, der berühmte ›5 Chevaux‹ sollte seine Kühlerfigur erhalten. Fünf springende Pferde symbolisierten Kraft und Geschwindigkeit.

Auf dem Pariser Autosalon von 1928 war das Publikum vom Kopf der Minerva, der ›Victoire‹, fasziniert. »Der heroische Kopf mit den windschnittig stilisierten Haaren wirkt wie ein ›Tut-ench-Amun‹ des Autozeitalters. Die englische Bezeichnung ›Spirit of the wind‹ kommt der mythologischen Dimension dieses Stückes sehr nahe« (A. Bangert). Die folgenden Modelle reichen vom Phantasievollen bis zum Kuriosen, besitzen jedoch alle stets einen fast dekadent zu nennenden Reiz: Adlerkopf, Libelle, Falkenkopf, Widderkopf, Frosch, Hahn, Mustang, Pfau, Komet und Bogenschütze.

RENÉ LALIQUE
Vase mit Reliefdekor aus blauem Preßglas.

Die meisten Modelle, ob Kühlerfiguren oder Paperweights – oder beides – waren in Klarglas gefertigt. Die wenigen Stücke von intensiver Farbigkeit in Schwarz, leuchtendem Rot, blassem Grau oder wasserklarem Blau gelten als exquisite Raritäten.

RENÉ LALIQUE
Detail der nebenstehenden Flakonserie aus satiniertem Glas, Modell ›Myosotis‹. Große und kleine Flakons waren die Spezialität von Lalique. Hierin glaubte der Meister seine Idee von industriell hergestellten Luxusgütern verwirklichen zu können.

Lalique-Glas in der Architektur

Glas in Verbindung mit Architektur zu verwenden ist eine Erfindung des 19. Jahrhunderts. Daran anknüpfend, gestaltete Lalique zahlreiche Fassaden, Inneneinrichtungen, Türfüllungen, Wandpaneele, Brunnen, Glas-, darunter auch Kirchenfenster.

Den konventionellen Rahmen sprengend und deshalb besonders aufregend sind René Laliques Ausstattungen für öffentliche Transportmittel. Im Jahr 1923 erhielt er den Auftrag, den Schlafwagen des französischen Präsidenten, Alexandre Millerand, zu gestalten. Von unbeschreiblicher Eleganz waren seine Konzeptionen für den legendären Orientexpreß und für den Côte-d'Azur-Pullman.

Die wohl spektakulärste Gestaltung gelang ihm 1931, als er mit der innenarchitektonischen Gestaltung des Erste-Klasse-Speisesalons für den Ozeandampfer ›Normandie‹ betraut wurde. Die ›Normandie‹ wurde zum Symbol des französischen ›Savoir vivre‹ und französischen Luxusdenkens.

Art-Déco-Flakons

Exklusivität und Luxus sind auch das Geheimnis der zauberhaften Parfumflakons und der zahlreichen ›Garnitures de Toilette‹, die schon in ihrer Gestaltung süßen Duft zu verströmen scheinen. Die Flakons gleichen aufgehenden Blüten, Muscheln, Schmuckstücken; die Stöpsel formen sich zu weiblichen Akten, Schlangenköpfen, Blumenbuketts, Vögeln, Insekten und Sternen.

RENÉ LALIQUE
›Suzanne au bain‹, Statuette aus bernsteinfarbenem Gußglas.

Die fast sehnsüchtig zu nennende Liebe, die wir heute für die Objekte René Laliques hegen, mag vielleicht daher rühren, daß es hier noch einmal einer sehr großen Künstlerpersönlichkeit gelungen ist, bedroht von der Verflachung der Massenproduktion, zweckbezogene Gestaltung mit dem Glimmerkleid des Luxus zu verschönen – die meisten Dinge haben deshalb hohe Anziehungskraft und den bestechenden Reiz des schönen Todes.

RENÉ LALIQUE
Vase aus gelbem Gußglas.

Art-Déco-Glaskunst in europäischen Manufakturen

In Deutschland verhielt sich die Situation auf dem Glassektor ähnlich wie im gesamten Bereich des Kunsthandwerkes: Das Bemühen um gebrauchsfähige Formen stand im Vordergrund. Nur wenige Künstlerpersönlichkeiten traten mit dekorativen Arbeiten hervor, so der in München ansässige *Jean Beck*, der mit schlichten, undekorierten Gefäßen, die eine unglaublich intensive, fast aggressive Farbgebung aufweisen, mit der er sozusagen ›Art-Déco-Qualität‹ erreichte, hervortrat.

Wenn auch bei der *Württembergischen Metallwarenfabrik*, kurz WMF genannt, wirtschaftliche Erwägungen im Vordergrund standen, leistete sich das Unternehmen dennoch die Ausgaben für künstlerische Versuche und Neuentwicklungen. 1922 wurde die WMF-Glashütte wiederaufgebaut und hier nutzte insbesondere *Hugo Debach* (1872–1939) die Chance zu einer Reihe von Experimenten in Glas. So entstand 1926 das ›Ikora-Glas‹. Mit diesem zwischen den Schichten durch Luft- oder Farbeinschlüsse dekorierten Glas, das ab 1927 in Serie produziert wurde, befand sich WMF glastechnisch auf der Höhe der farbig inkrustierten Gläser aus Frankreich. Namentlich beim ›Ikora-Glas‹ führten technische Zufälle oder auch Fehler zur Entwicklung neuer Dekorverfahren, aus denen dann eine beträchtliche Anzahl künstlerisch hervorragender Einzelstücke hervorging. Die überwiegend freie Formgestaltung des Glases legte die Überwindung der klassischen Vorbilder nahe und ließ darüber hinaus Formen entstehen, die sich in beispielhafter Weise von den technischen Bedingungen des Werkstoffes ableiten.

Die im Glas ›eingeschlossenen‹ Dekore präsentierten sich als kleine technische Wunderwerke. So wurde Glas mit weißfärbender Metallsalzlösung flockig bedampft, der Dekor aus aufgelegten Fäden von verschiedenfarbigen Aventurinen beziehungsweise Selenglas und eingedruckten Brocken von Glas gestaltet, partiell mit Silbersalz und

Selenglaspuder bestreut, erneut mit färbender Metallsalzlösung bedampft, mit dem Sandstrahlgebläse bearbeitet und nochmals an der Oberfläche irisiert. Sozusagen im Kontrastprogramm hierzu entstanden überall in Deutschland vorbildliche Glasgebrauchsservice, beeinflußt von der Bauhausidee, so in der bayerischen *Glashütte Theresienthal* und den *Vereinigten Lausitzer Glaswerken* in Berlin.

Auch die Schweiz trat unerwartet mit einer kleinen, jedoch sehr gelungenen Glasproduktion des Art Déco hervor. Farblose Gläser, im Stil der Zeit bemalt, sind künstlerisch eigenständige Stücke. Zu nennen wäre hier vor allen Dingen *Jenny Bruppacher*, die ihre Gläser in freier ornamentaler Form mit Emailauflagen versah. In gleicher Technik arbeitete auch der aus Genf stammende *José Porta*.

Die skandinavischen Länder und Holland bereiteten ihre Vormachtstellung, die sie in den fünfziger Jahren auf dem Gebiet der Glaskunst einnehmen sollten, vor. *Andries Copier*, geboren in Leerdam, arbeitete seit 1914 als Designer für die *Koninklijke Nederlandesche Glasfabriek Leerdam,* die 1922/23 das Unica-Studio für anspruchsvolle Kunstgläser gründete. Von 1923 bis um 1960 war Copier Leiter des Unica-Studios. Er entwarf und gestaltete vor der Lampe geblasene Gläser, beschäftigte sich aber hauptsächlich mit der Preßglastechnik und ihren künstlerischen Möglichkeiten. Hingebungsvoll experimentierte er in dieser Manier, und es entstanden vielfältige Arbeiten von Glasskulpturen bis zu formal perfekt ausgewogenen Glasflakons.

Die Glasmanufakturen *Orrefors* und *Kosta* in Schweden sind noch heute erfolgreich tätig. Ihre Spezialität in den Zwanzigern war farbloses Kristallglas mit eingeschliffenem oder geschnittenem Dekor, der die zeitgenössische Malerei zum Vorbild hatte. Parallel dazu entstanden Glasservice, die noch heute in Serie gefertigt werden.

Böhmen wies auch in den zwanziger Jahren eine rege und bedeutende Glasproduktion auf, es gelang den Manufakturen jedoch nicht, an ihre großen, weltweiten Erfolge des Jugendstils anzuknüpfen.

Die um 1900 in der Qualität Tiffany gleichwertige Glasmanufaktur *Loetz-Witwe*, die uns traumhafte Zeugnisse des Lüsterglases hinterlassen hat, wandte sich vor allem dem Überfangglas zu. Lebhafte, jedoch häufig opake Farben wurden in dieser Manufaktur im Kontrast mit einer schwarzen, stets stilisierten, oft plastischen Dekorauflage versehen.

Loetz beschäftigte nach wie vor Designer der Wiener Werkstätte, den künstlerischen Rang lief ihr jedoch die österreichische Glasmanufaktur *J & L Lobmeyr* ab. Diese bereits 1822 gegründete österreichische Glasmanufaktur rief 1918 einen Werkstattbetrieb in Steinschönau ins Leben.

Hier wurden in den zwanziger Jahren Gläser entwickelt, die ihren Platz unter anderem im Modern Art Museum in New York fanden. Es war kennzeichnend für das Haus Lobmeyr, daß es bemüht war, dem Glas in höchster Qualität auch jene Form zu geben, die der künstlerischen Reife seiner Zeit entsprach.

Die Service und Gläser schufen Bahnbrecher der Moderne wie *Josef Hoffmann* (1870–1956), *Adolf Loos* (1870–1933) und *Oswald Haerdtl* (1899–1959). Es entstanden Klassiker in Glas, die, heute noch produziert, immer modern sein werden.

Die amerikanische Glaskunst wurde vor allem durch die *Steuben Glass Company*, New York, repräsentiert. Der Designer *Sidney Waugh* (1904–1968) entwarf – wie die Schweden – schwere Glasgefäße aus klarem Kristall mit geschnittenem oder geschliffenem Dekor im Zeitgeschmack.

Steuben überrundete in den zwanziger Jahren die Firma Tiffany mit ihrer erfolgreichen Kristallglasproduktion, die im Rahmen ihres Erfolges sogar die Mitarbeit von Matisse suchte.

Keramik: Ambitionierte Töpferkunst und dekorative Nippes

Es steht außer Zweifel, daß sich in den zwanziger Jahren die Überlegenheit Frankreichs auf bestimmten Gebieten des Kunsthandwerks fortsetzte. Dazu zählten neben der Goldschmiedekunst auch die Meisterschaft im Bau von Möbeln, die Glasentwürfe, die Keramik. Protagonist der gesamten Keramik-Bewegung blieb der Altmeister des Jugendstils, *Auguste Delaherche* (1857–1940). Seine Erfahrungen brachten die um 1900 Geborenen in ihre – wenn auch völlig andersartige – Zeit mit ein.

Aufgrund der individuellen Haltung der einzelnen Meister läßt sich eine Subsumierung unter dem Oberbegriff ›Art Déco‹ nur schwer bewerkstelligen. Um die Orientierung zu erleichtern, lassen sich jedoch aus der Vielzahl der Werke zwei Tendenzen erkennen: die eine dem malerischen Ornamentstil verbunden, die andere schmucklos, sich an der beispielgebenden Keramik der Hochkulturen Ostasiens orientierend.

Keramik im malerischen Ornamentstil

Fasziniert von den Möglichkeiten, die seine Begabung und Ausbildung ihm in diesem Werkstoff boten, wandte sich der Maler *René Buthaud* (1886–1985) nach dem Ersten Weltkrieg der Keramik zu. Seine Gefäße sind mit bildlichen Darstellungen in der Art der Fauves oder mit kubistischen Ornamentanleihen überzogen. Sein Ton, überaus leicht formbar, kam aus der Bretagne, brannte hellgelb und versinterte trotz hoher Temperaturen nicht. Seine Glasur wirkte dick und matt, besaß eine wachsige Oberfläche, wurde im Brand leicht grau oder elfenbeinfarben und entwickelte schöne Krakelüren.

In verwandter Manier arbeiteten die ebenfalls als Maler ausgebildeten Keramiker *Charles Catteau* und *Jean Mayodon*. *Eduard Cazaux* blieb sein Leben lang Bildhauer, so intensiv er sich auch mit der Keramik beschäftigte. Beide Disziplinen vereinigend, gelang ihm ein ausgezeichnetes Œuvre.

Fast bäuerlich schlichte Gefäße fertigte der Sohn des berühmten Malers Albert Besnard und seiner Frau, der Bildhauerin Charlotte Dubray, *Jean Besnard*. Er tat dies im bewußten Gegensatz zum überfeinerten Raffinement eines Interieurs etwa von Emile-Jacques Ruhlmann.

RAOUL LACHENAL *Teeservice aus türkisblau lasiertem Steinzeug.*

Raoul Lachenal entwickelte eine eigene Porzellanmasse, die es ihm erlaubte, seine überaus treffsicheren Ornamente im Art-Déco-Stil zu gestalten. Am deutlichsten vertrat wohl der Dekorateur und Innenarchitekt *Robert Lallemant* das vom Zeitgeschmack geprägte Art-Déco-Ornament. Auch bei *Emile Lenoble*, Großschwiegersohn des berühmten Ernest Chaplet, waren undekorierte Gefäße selten. Er liebte die aus den farbigen Engoben ausgekratzten Ornamente, die an südamerikanische Töpfereien erinnern.

Eine Sonderstellung nehmen hier die Service von *Jean Luce* (1895–1964) ein, der auf der Ausstellung 1925 in Paris einen eigenen Pavillon erhielt. Als unabhängiger Keramiker arbeitete er ebenfalls im Zeitgeschmack. Sein überragendes Talent, einerseits die beliebten Blumengirlanden, andererseits fast konstruktivistische Stilelemente auf seinen Arbeiten zu verbinden, läßt ihn heute als einen der großen Designer der zwanziger Jahre gelten.

Keramikphilosophie des Fernen Ostens

Vom Ornament überhaupt befreite sich als erster *Emile Decœur* (1876–1953). Er war der Meister der schlichten Keramik. Variabel und unverwechselbar waren die Formen, die Umrisse seiner Gefäße, unglaublich die vielfältige Farbskala sowie die durch den gelenkten Fluß der Glasuren modellierte Oberfläche. Umsetzungen, nicht Kopien chinesischer, früher Sun-Keramik fertigte *Henri Simmen*. Angeregt durch einen Aufenthalt in Indochina, orientierte sich *George Serré* (1889–1956) an der Kmer-Keramik, rotbraunem Steinzeug, das, rauh an der Oberfläche, wie bearbeiteter Sandstein wirkte.

Meisterhaft umgesetzt wurde chinesische Keramik ebenso von *Joseph Mougin*, der gemeinsam mit seiner Tochter Odille in Nancy ein Atelier führte. Seine Keramiken zeigen die leuchtenden Glasuren der chinesischen Ming-Epoche, es sind außergewöhnliche Stücke ohne ›China-Mode‹.

Auch *Maurice Gensoli* kannte und schätzte chinesische Keramiken. Ihr Geist lebte in seinen Arbeiten, ohne sie zu kopieren.

Gensoli erfand neue Techniken in der Porzellangestaltung, er formte es schrittweise langsam in der Masse, bis es zu Stein geworden war. Sein Werk fällt durch die enorme Bandbreite der Objekte auf – Arbeiten vom Monumentalbrunnen bis zum Flakon.

Nach dem Ersten Weltkrieg wurde er freier Mitarbeiter bei der Manufaktur Sèvres, in späteren Jahren deren künstlerischer Leiter.

Von 1887 bis 1891 war *Joseph-Théodore Deck* (1823–1891) Direktor dieser traditionsreichen französischen Porzellanmanufaktur; er verband den Namen der Manufaktur Sèvres mit bedeutenden Schöpfungen des Jugendstils.

Doch auch in den Zwanzigern war die Manufaktur bemüht, den Stil der Zeit im Hause Sèvres künstlerisch zum Ausdruck zu bringen.

Die ›Ceramic Artisanale‹

Beeinflußt durch die Metallreflexe hispano-maurésker Glasuren und das Blau ägyptischer Fayencen entwickelte *Felix Massoul* (1872–1938) gemeinsam mit seiner Frau leuchtende Glasuren von intensiver Farbkraft. Außenseiter von hohem Rang war *André Metthey* (1871–1921) mit seinen zum Teil klassizistischen Motiven: Akte mit Tieren, Jagdszenen, Reitende, Tanzende oder auch nur das Beieinander zwei einander verbundener Menschen wie Mutter und Kind. Der weitgereiste *Fernand Rumèbe* fertigte ein kleines Œuvre mit Reliefdekor von höchster Qualität.

Der große, alte Mann der französischen Keramik, Auguste Delaherche (1925 war er 68), gelangte mit zunehmendem Alter immer mehr zu einfachen Formen.

RENÉ BUTHAUD
Fayencen mit Krakelee-Lasur und neoklassizistischer Malerei, frühe dreißiger Jahre.

Sein Œuvre nach dem Ersten Weltkrieg umfaßt im wesentlichen Steinzeug glatter Formen mit dünnen, technisch und farblich delikaten Glasuren und Emails, sowie Porzellane, deren Wandung er bis zu ihrer Durchbrechung gravierte und skulptierte.

Neben den genannten Künstlern, deren Werk zur ›Ceramiques Artisanales‹ zählt, gab es aber auf dem Gebiet der industriell in großer Auflage gefertigten Keramik vor allem in England charakteristische und schöne Stücke, so von: Royal Doulton, Minton, Royal Worcester, Copeland und Wedgwood. In Deutschland war die Keramikentwicklung stark von den Bauhaus-Werkstätten beeinflußt. Es wären Modelle für Kaffeekannen, Wasserkrüge und Steingutschalen von Otto Lindig zu nennen. Was hier im Studio entwickelt wurde, galt oft als Modell für die industrielle Serienherstellung.

Von exzentrisch bis skurril: Gebrauchskeramik einer widersprüchlichen Epoche

Um des krassen Gegensatzes willen soll hier die zumeist von Kaufhäusern vertriebene, vom Exzentrischen zum Skurrilen reichende Gebrauchskeramik genannt werden. Für die Dokumentation des Zeitgefühls spielt sie die bedeutendste Rolle. Jede Epoche hat ihre verschiedenen Visualisierungen. Sie läßt sich nicht auf einen einzigen Stil festlegen, ebenso wie nur die Summe verschiedener künstlerischer Richtungen ihr Antlitz gültig bestimmen kann. Dekorative Nippes, Dosen, Aschenbecher und Figürchen sind »das Kompliment eines jeden eleganten Interieurs«, wie die Pariser Firma Robj ihre farbig bemalten Porzellanfigürchen in einer Anzeige anpries.

Glamour und Leere, das Wissen, daß Dekoration letztlich nicht Leben ist, werden uns angesichts dieser Erzeugnisse aus der Retrospektive bewußt. Jede Epoche hat den Glamour, den sie verdient, um es abgewandelt zu sagen. Dabei war der Glamour der zwanziger und auch der dreißiger Jahre vielleicht etwas vom Bezeichnendsten dieser widersprüchlichen Epoche und möglicherweise auch das, was uns heute am meisten fasziniert. In den Entwürfen, die sich mit Namen wie Gérard Sandoz, Hélène Gatelet, Madeleine Songez, Marcel Renard, Colette Gueden und den Gebrüdern Martel verbinden, spielen die schier zahllosen Einflüsse auf die Epoche der zwanziger Jahre zusammen: der Kubismus, der Expressionismus, der Futurismus, das russische Ballett unter Diaghilew, die mexikanische Indianerkunst, die ägyptische Kunst, der Yachting Style. Zugleich materialisiert sich daraus das Revue-Theater, Beine schwenkende Girls, Jazz-Musiker, vornehme ›Demi-monde‹, begleitet von Windhunden, Amazonen sowie der favorisierten Hindin, zugleich Rennfahrer, Flieger und überhaupt alles, was wir heute mit dem Wort ›ausgeflippt‹ umschreiben würden. *Gérard Sandoz* (geb. 1902) entwarf ein Keramik-Service: Kanne und Dosen in Form einer Ente. Eine Blumenvase ist einem aztekischen Tempel nachempfunden; man nimmt den Zucker aus Dosen in Gestalt eines Eisenbahnwaggons; ein Aschenbecher befindet sich in einer Windhundschnauze; der farbige Jazz-Pianist dient als Streichholzhalter; eine Vase besitzt das Äußere eines Wolkenkratzers – allerdings mit Blümchen bemalt; auf ein Teeservice, in etwas gewaltsam kubistischer Form, wurde ohne falsche Scham ein Gemälde Kandinskys übertragen. Unschlagbar ist die Teekanne in Form eines Rennwagens: Der Rennfahrer mit Brille und Mütze ist als Deckel abnehmbar, das Nummernschild trägt die Buch-

GÉRARD SANDOZ
Service aus bemaltem Porzellan für Haviland, Limoges.

staben ›O-Kt 42‹, was in Lesart soviel wie ›O.k. tea for two‹ bedeutet.

In Steingut und Porzellan wurden aber nicht nur Gefäße hergestellt, sondern eine große Anzahl bemalter Figürchen. Diese schlanken, leicht verrucht wirkenden Damen dienten wohl hauptsächlich als Mannequins, da sie die hohe Kunst der Couture widerspiegelten. So taufte man erstmals auch Modelle: Kleider hießen ›Während man liebt‹, ›Zärtliche Stunden‹, ›Kiss me‹ oder gar ›Ob er kommt?‹. Die mit Pfauenfedern behängten Damen, umhüllt von Pelzen, geschmückt mit Perlen und Goldlametta, verwandeln sich in unbewegliche Statuen, zum Dekor selbst – wiederum in Keramik statuisiert. Hollywood für die Vitrine. Auf diese Figuren trifft wohl auch zu, was Armand Manoux 1925 kritisch zur Moderichtung notierte: »Der Stil 1925 ist eine Synthese des Kubismus in der Linie wie der Stil 1900 in der Ausschmückung.«

ROBI
›Danseur et Danseuse espagnol‹ Stilisierte Keramikfiguren.

Keramik der zwanziger Jahre in Deutschland

In Deutschland ist das Keramikbild der Zeit vielfältig und polarisierend. Es reicht von *Wassily Kandinsky* (1866 bis 1944) bis zu in Heimarbeit gefertigten Töpfereien. Bevor Kandinsky 1922 ans Bauhaus kam, autorisierte er die Anwendung seiner Malerei auf Keramik, was die Leningrader Porzellanarbeiten belegen, die in der ersten russischen Kunstausstellung 1922 in Berlin gezeigt wurden.

Wenn Kandinsky die allgemeine Form des Gebrauchsgegenstandes berücksichtigte, dann geschah das, ohne auf irgendein anderes Recht zu verzichten, es zu vergeistigen, oder zumindest zu entmaterialisieren, wie er es zuvor mit dem Mobiliar in Murnau gemacht hatte. Seine suprematistischen Rivalen gingen bei klassischen Formen auch nicht anders vor, wie das Porzellan von Nikolai Suetin auf der Pariser Ausstellung von 1925 zeigt. In einem Interview von 1921 erklärte er: »Es sind vom revolutionären Standpunkt aus die Reinen, die da glauben, daß die Malerei öffentliche Ziele hat, daß jedes Kunstwerk, das nicht zu etwas nützlich ist, bürgerlich, und die Zeit der reinen Kunst vorüber sei. Es ist merkwürdig, daß ich, der ich gegen diese Ansicht bin, als erster Tassen gemacht habe ...« Da sie in Meißner Porzellan entstanden ist, wird diese Entwurfsarbeit der deutschen Keramik zugeordnet.

Unter den zahlreichen deutschen Keramikerinnen der Zwanziger tat sich *Ellinor Denker,* die mit *Paul Dresler* in dessen Keramikwerkstätte in St. Georgen bei Dießen am Ammersee arbeitete, hervor. Sie fertigte schlichte Gefäße in durchscheinendem rötlichem Scherben mit schimmernden Glanzglasuren.

Marguerite Friedlaender-Wildenhain, 1896 in Lyon geboren, studierte von 1919 bis 1925 in der Töpferwerkstatt am Bauhaus. Von 1925 bis zur Gründung ihrer eigenen Werkstatt in Puttem, Holland 1933, war sie Werkstattleiterin an der Kunst- und Handwerksschule in

Halle/Saale. 1940 bis 1942 leitete sie die Werkstatt der Töpferei am College of Art and Crafts in Oakland, Kalifornien, dort gründete sie 1948 auch die Pond Farm Pottery. Bereits ihrer Biographie ist zu entnehmen, daß sie maßgeblichen Einfluß auf die Entwicklung internationaler Keramik hatte. Ihre Gefäßformen orientieren sich an schlichten, frühen asiatischen Gefäßen, ihre sparsamen, oft monochromen Glasuren stehen den künstlerischen Arbeiten des Zen nahe.

K. TUTTER *Porzellanfigur weiß glasiert, goldbemalt für Hutschenreuther, Selb. Dreißiger Jahre.*

Unter den ›männlichen‹ Keramikern in Deutschland arbeitete weiterhin mit großem Einfallsreichtum der Jugendstilkünstler *Max Laeuger* (1864–1951). 1907 war er Mitbegründer des Deutschen Werkbundes, hatte 1920 bis 1922 einen Lehrauftrag für Keramik an der Badischen Landeskunstschule, um anschließend Mitarbeiter der staatlichen Majolika-Manufaktur zu werden. Seine Arbeiten haben sich nach dem Ersten Weltkrieg entscheidend gewandelt: Er verzichtete weitgehend auf

Oberflächendekor und widmete sich der Formgestaltung seiner Gefäße und der Vervollkommnung der Glasur. Nicht mehr die aufwendige Schlicker-Malerei wie um 1900, sondern Unterglasurdekor von beinahe französischer Leichtigkeit kennzeichnet seine Gefäße.

Dominierend für die Zukunft, auch auf dem Gebiet der Keramik, wurde die Töpferei des staatlichen Bauhauses in Dornburg an der Saale. Als Meister der Form hat

ANONYM
Service mit rhythmischem Dekor. Deutschland, um 1925.

Gerhard Marcks (1889–1981) auf die Töpferei eher mittelbar – durch künstlerische Anregungen und durch Persönlichkeit – als durch Direktiven eingewirkt. Ihm ist der Reichtum an stilisierter Folklore auf den Gefäßen zu danken. Bedeutender Einfluß ging jedoch von *Otto Lindig* (1895–1966) und *Theodor Bogler* (1892–unbekannt) aus. Sie beschäftigten sich seit etwa 1923 mit den Problemen der Serienproduktion, die damals nur in bescheidenem Umfang verwirklicht werden konnte.

Wurden dekorative Figurinen in Deutschland von den Firmen Goldschneider, Rosenthal und Nymphenburg hergestellt, verwandelte sich auch der ›Wiener-Werkstätte-Putto‹ unter den Händen von Wally Wieselthier, Susi Singer, Hilda Jesser oder Gudrun Baudisch-Wittke in eine flotte Badenixe.

Unbekümmertheit und gewächshafte Formen bestimmten die Keramiken der Wiener Werkstätte in den zwanziger Jahren, die, beeinflußt vor allem von dem phantastisch-raffinierten Linienrhythmus *Dagobert Peches* (1887–1923), mitunter sogar in expressive Exzentrik vorstieß.

Ohne Zweifel lag Weitsichtigkeit in der These des österreichischen Architekten *Josef Hoffmann* (1870 bis 1956), Begründer (1903) und künstlerischer Leiter der Wiener Werkstätte, alles gelten zu lassen, sofern es von innerer Lebendigkeit war und über eine künstlerische Aussage verfügte.

THEODOR BOGLER *Bauhaus-Keramik im neusachlichen Stil.*

Art-Déco-Keramik in Italien

Gegen Ende der zwanziger Jahre meldete sich auch Italien bezüglich der Art-Déco-Keramik zu Wort. Aus Opposition zum Modernismus der Futuristen initiierten 1922 einige Maler die eklektische Bewegung des ›Novecento‹, in der Absicht, das traditionelle wie auch moderne Italienische zu fördern.

Zugleich war jedoch das Interesse an der seit 1923 in Monza stattfindenden Biennale für Kunstgewerbe allmählich eingeschlafen.

Die Grundlage für eine echte ›zeitgenössische‹ dekorative Kunst in Italien schuf 1928 der Mailänder Architekt und Industriedesigner *Gio Ponti* (1891–1986) mit der von ihm publizierten Zeitschrift ›Domus‹. Der Erfolg der von ihm selbst gefertigten Keramiken lag darin, daß er bei der Gestaltung seiner Arbeiten stets von der Form des Gegenstandes ausging, und dieser die Dekoration unterordnete.

Sein Verfahren unterschied sich deutlich von dem der futuristischen, ›angewandten‹ Malerei; er lieferte eine moderne Interpretation klassizistischer Motive der italienischen Tradition, wobei er bei seinen Gefäßen einem gewissen Hang zum Preziösen verfiel.

Für eine seiner bekanntesten Serien, ›Le mie donne‹ (meine Frauen), aus der Zeit von 1925/27 interpretierte Gio Ponti den Themenkreis Ausruhen und Lust – auf Majolika. Ponti arbeitete für die Keramikmanufaktur Richard Ginori sowie für das Stabilimento in Doccia bei Florenz.

Der Keramiker *Guido Andlovitz* orientierte sich deutlich am Stil von Dagobert Peche und setzte ihn italienisierend um.

Es ist jedoch vor allem Gio Ponti zu verdanken, daß sich für kurze Zeit ein eigenständiger, authentischer italienischer Art Déco herauskristallisierte, angesiedelt zwischen internationalem Rationalismus und einem Monumentalismus, der dann in den dreißiger Jahren stärker hervortrat.

›Pâte tendre‹ aus Dänemark

Nicht nur auf dem Gebiet der Silberschmiedekunst nahm Dänemark im Art Déco eine wichtige Rolle in Europa ein. Die traditionsreiche Porzellanmanufaktur Bing & Grondahl, gegründet 1853 in Kopenhagen, verlegte in den zwanziger Jahren ihre Produktion hauptsächlich auf Weichporzellan ›Pâte tendre‹. Es entstanden Service, de-

Figuren wie die von Waylande Gregory (glasierte Keramikfiguren, Ende 1920/30) dienten dänischen Künstlern als Anregung.

koriert mit Email oder Mattemail, die eine meisterliche Verbindung von Art-Déco-typischem Dekor mit der Gebrauchsform auszeichnet.

Besonders erfolgreich war Bing & Grondahl mit figürlichem Porzellan, Steinzeug und Skulpturen, die unter anderem nach Entwürfen von *Kai Nielsen* und *Jean Gauguin* (Sohn des französischen Malers Paul Gauguin) gefertigt wurden.

SCHMUCK UND METALL-ARBEITEN

Art Déco – Revolte gegen den Jugendstil

Eben noch bevölkerten, täuschend echt nachgebildet, Frösche aus Zinn dekorative Schenkkrüge, schwirrten Libellen mit Emailglasflügeln über Haarkämme, schmückten Schwanenfedern die dunklen Tiefen eines verträumten Weihers. Diese naturalistischen Stilmittel des Jugendstils zielten auf das Träumerische, das durch naturgetreue Motive glaubhaft gemacht werden sollte. Die Kunstwerke zwischen 1895 und 1910 versuchten, das Dämonische, die Naturidylle und das unverbildet Reine zu einem modernen Märchen zu verschmelzen. Zwei Jahrzehnte später – um 1925 – gehörten diese Träumereien der Vergangenheit an. Inhalt und Anliegen des Jugendstils wirkten plötzlich unglaubwürdig und weltfremd. Das florale Dessin trat immer mehr in den Hintergrund, der Wunsch nach Strenge und Sachlichkeit breitete sich aus. Die dekorative Kunst wandte sich ab von der Natur, hin zur Abstraktion.

Seite 134
GÉRARD SANDOZ
Collier aus Weiß- und Gelbgold, schwarzem Onyx und Bergkristall in streng geometrischer Komposition.

Gegenwart und Zeitnähe drückten sich in den zwanziger Jahren in konträren Reizimpulsen aus: Ein Feuerwerk aus kühnen Farben und klaren Formen sprach eine neue Generation an. Grenzensprengende Verwegenheit und Provokation, wie sie Picasso in der Malerei vorexerzierte, beeindruckten die neue Generation. Filmateliers als Traumfabriken, Tanzdielen, Bars und Kneipen prägten Glück, Hoffnung und Angst der Nachkriegszeit. *Art Déco,* wie man erst seit 1966 – mit der Ausstellung ›Les années 25‹ im Pariser Museum für dekorative Kunst – das Stilempfinden dieser Zeit pauschal benennt, war das Kontrastprogramm zum Jugendstil.

Trotz der formalen und inhaltlichen Gegensätze der beiden Kunststile und Auffassungen hat sich in den siebziger Jahren dann allerdings eine lebensfähige Liaison zwischen ihnen ergeben: Die früher erklärten Antipoden werden heute, über ein halbes Jahrhundert später, nahezu immer in einem Atemzug genannt. Und dies vor allem im Kunsthandel.

Geht man durch die New Yorker Madison Avenue, die Londoner Kings Road, auf Auktionen in London, in die Pariser Rue de Lille, in die Galerie XX in Hamburg oder zu Ketterer in München, wird man in der Praxis bereits eine Tatsache finden: Händler, Sammler und Auktionatoren beschäftigen sich nicht mehr ausschließlich mit einer dieser Stilrichtungen, sondern fassen beide zusammen. Was den Ersten Weltkrieg und den Zweiten Weltkrieg überlebte, hat trotz ideologischer und formaler Unterschiede aus der Sicht des Sammlers Gemeinsamkeiten.

Am auffälligsten war der Glaube an die Schönheit der Dinge, der sowohl die zwanziger Jahre wie auch den Jugendstil bestimmte. Er formte das preziöse und luxuriöse Unikat ebenso wie das serienmäßig in der Fabrik produzierte Gebrauchs- oder Kunstobjekt.

Ultramarinblaue Kreise, Rechtecke und strahlenförmige Zacken im Kontrast zu kantig und rund geschnittenen türkisblauen Feldern, silberne Stufen, in Segmente aufgeteilte Kreise gab es nicht nur in der konstruktivistischen Malerei. Ein französischer Arzt hatte sich in den zwanziger Jahren einer solchen Kunstproduktion verschrieben. Aus seinen Lieblingsfarben Ultramarin, Türkisblau und Silber schmiedete er kühne Miniatur-Ensembles, denen er oft noch einen praktischen Nutzen als Kaminuhr oder Schmuckkasten gab.

Als Künstler ist dieser *Jean Goulden* (1878–1947) nur wenigen bekannt, obwohl seine in Zellenschmelzemail und Silber ausgeführten Objekte die Gestaltungsideale des Art-Déco-Stils (Kuben, Flächen, Farben) am kompromißlosesten verkörpern. Daß seine Arbeiten so wenig bekannt und selten sind, hat einen plausiblen Grund. Der Meister war hauptberuflich an den ›Hôpitaux de Paris‹ als Arzt tätig und fertigte seine künstlerischen Arbeiten in ganz bescheidenen Auflagen selbst. Die technischen Kenntnisse zum Emaillieren holte er sich von einem gleichaltrigen Freund, dem 1877 in Genf geborenen *Jean Dunand*, dessen Tochter Jean Goulden 1925 heiratete.

CAMILLE FAURÉ
Vasen mit Emailglasur auf Kupfer.

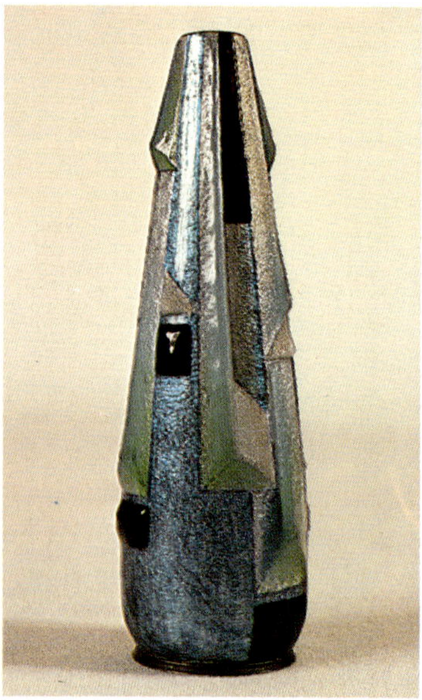

Metallvasen mit Art-Déco-Mustern in Email. Camille Fauré stellte zwischen 1924 und 1936 solche bunten und apart geformten Vasen in Limoges her.

CAMILLE FAURÉ

Vase mit Emailglasur auf Kupfer. Anregen ließ sich Fauré durch die abstrakte Malerei des Orphisten Robert Delauney.

Herstellungsprozeß einer Art-Déco-Metallvase.

JEAN GOULDEN
Kubistische Uhr aus versilbertem Messing mit Emailglasur.

ANONYM
Zigarettenetuis mit geometrischen Lackmustern und Eierschalendekor.

JEAN GOULDEN

Kubistische Uhr aus versilbertem und emailliertem Kupfer (Detail).

Schmuck-Kunst des Art Déco

Schmuckformen waren nie – so phantastisch sie auch sein mögen – unabhängige Erfindungen: Form, Aussage, Stilgefühl waren immer vom Zeitgeist geprägt.

Was sich im Jugendstil schon andeutete, wurde im Art Déco zum Gesetz: Die Formen wurden austauschbar. Es entstand Schmuck, abgetreppt wie ein Wolkenkratzer, Zigarettenetuis mit einfachen Farben wie ein Bild von Mondrian, Armbänder aus Kreisen und Rechtecken wie eine kubistische Plastik.

Die Klarheit der Gestaltung und der handwerklichen – fast schon technisch zu nennenden – Ausführung charakterisiert die Schmuckstücke des Art Déco. Der logische Aufbau fasziniert in seiner überlegenen Einfachheit, verbunden mit ›exotischen‹ Materialien und einer Auswahl an Edelsteinen – Aquamarin, Zitrin, Bergkristall, Onyx –, die weniger nach finanziellen, sondern nach ästhetischen Werten getroffen wurde. Dennoch bewegen sich – vor allem in Frankreich – die Schmuckstücke im Bereich des Luxus, wenn auch bei den Spitzenstücken zunehmend von einer Objektkunst gesprochen werden kann.

Typische Art-Déco-Muster

Sonnenaufgänge mit dekorativen Strahlenbündeln, Flächenaufteilungen in raffinierten Dreiecken, Kreisen, Zickzack- und Treppenmustern waren typisch für die Gebrauchskunst, aber auch für die Schmuck-Kunst der zwanziger und dreißiger Jahre. Man findet diese Motive auf Stoffen, in der Architektur, an Geländern, bei Holzeinlegearbeiten in Kino-Foyers und ebenso auf zahlreichen kleinen Metallobjekten wie Zigarettenetuis und -dosen sowie auf Schmuckstücken. Broschen und Ohrclips wirken mit ihren farbigen Feldaufteilungen wie abstrakte Bilder. Das Muster wurde in die Grundplatte geätzt, dann mit Email gefüllt. Zur Emailkomposition kamen je nach Wertlage Straß- oder Diamantsplitter, welche die ruhigen Flächen belebten.

Ein Pendant zum geometrischen Schmuck bilden Zigarettenetuis und Schreibgarnituren aus Metall mit abstrakten Mustern auf schwarzem Lack oder Email. Auch stilisierte Wirklichkeit findet man häufig auf diesen Objekten. So entwarf der wichtige Art-Déco-Designer *Gérard Sandoz* stilisierte Häuserschluchten aus der Vogelperspektive oder Brücken, unter denen Ozeandampfer hindurchfahren, zur Dekoration von Zigarettenetuis.

Während die Entwürfe dieser Designer sehr teuer und aufwendig ausgeführt waren, ist es als Kennzeichen der Epoche zu betrachten, daß nicht weniger interessante und abstrakte Muster mit einfachen Materialien ebenso wirkungsvoll hergestellt wurden. Abstrakte Kunst und Kubismus zum ›in die Tasche stecken‹ sind typisch für eine Zeit, die radikal mit der noch sehr figurativen Tradition des Jugendstils gebrochen hatte.

Die bedeutendsten Schmuck-Künstler der Epoche

In Paris lebten und arbeiteten die wichtigsten Künstler im Bereich der Juwelierkunst der zwanziger und dreißiger Jahre, die unabhängig von oder zum Teil auch für den Juweliergiganten Cartier entwarfen und gestalteten.

Jean Desprès (1889–1980), der aus einer berühmten Glasmacherfamilie stammte – seine Eltern führten in Paris eine Schmuck- und Kunsthandlung –, lebte mit zahlreichen Künstlern wie Georges Braque, Joan Miró auf dem Montmartre. Mit seinen formal schlichten, mechanisch beweglichen Colliers, Armreifen und Broschen erwarb er sich rasch einen großen Kundenkreis aus Künstlern, Dichtern und Schauspielern.

Eine besonders originelle Serie von Entwürfen, denen 1930 eine Ausstellung gewidmet war, bestand aus Schmuckstücken in der Nachempfindung von Flugzeugen. So schuf er Armreifen für französische Pilotinnen, die, in drei Teile flügelartig gegliedert, in Beziehung zur Tätigkeit der Trägerin stehen, indem sie Gestaltungsformen und Motive aus der Luftfahrt symbolisieren.

Silber, Gold und schwarzen Lack kombinierte er meisterlich in Ketten mit Kugeln, Halbrohren und Halbkreisen.

Auch *Raymond Templier* (1891–1968) verwendete geometrische Motive, jedoch nicht in der absoluten, puristischen Weise wie Desprès, sondern, seiner Herkunft gemäß – er entstammte einer traditionsreichen Pariser Juwelierfamilie – integriert in mehr preziös zu bezeichnende Stücke.

Sein Großvater Charles hatte 1849 die Firma Templier gegründet, die danach von Paul Templier, Raymonds Vater, geleitet wurde. 1912, nach dem Besuch der ›Ecole Nationale Supérieure des Arts Décoratifs‹, trat Raymond in die Firma des Vaters ein und beteiligte sich in den folgenden Jahren an zahlreichen Ausstellungen in Frankreich und im Ausland, unter anderem in Rotterdam und in Mailand. Seine bevorzugten Materialien waren Platin, Email, Lack und Halbedelsteine. 1928 wurde er Mitbegründer der ›Union des Artistes Modernes‹ in Paris.

Es gibt eine Fotoserie von Brigitte Helm, der Hauptdarstellerin des Films ›L'Argent‹ (›Geld! Geld! Geld!‹) von 1928, auf denen sie Schmuckstücke von Raymond Templier trägt, darunter ein Diadem, das einem ›Helm‹ gleicht.

Anzeige für Parfum aus ›L'Illustration‹. Prestigeobjekt der Verpackungskunst und höchster Ausdruck des Art-Déco-Stils waren Flakons und Dosen für die Kosmetikindustrie.

Wie bei Jean Dunand die Grenze seines kunsthandwerklichen Schaffens fließend war zwischen Möbelentwerfer, Bildhauer und Schmuckentwerfer, wurden bei *Gustave Miklos* (1888–1967) die Schmuckstücke Skulpturen oder plastische Arbeiten in Form von Schmuckobjekten, zumeist von Raymond Templier ausgeführt.

Miklos, in Budapest geboren, nahm 1923 die französische Staatsbürgerschaft an und etablierte sich aufgrund seiner Freundschaft zu dem Couturier und Kunstsammler Jacques Doucet als Entwerfer. Mit der Einrichtung des Privathauses von Doucet macht er in Paris Furore. Beeinflußt wurden Miklos' Arbeiten von seiner Liebe zur byzantinischen Kunst, die er als Fremdenlegionär in Griechenland kennengelernt hatte. Wie ein Bildhauer

231
FEU FOLLET
POUR LA FEMME ÉLÉGANTE
FEU-FOLLET
ROGER & GALLET
PARIS
ROGER & GALLET
PARFUMEURS - PARIS
CRÉATEURS DE POURPRE D'ORIENT (PARFUM PRÉCIEUX) - LE JADE - PAVOTS D'ARGENT

fertigte er von seinen Schmuckstücken Gipsmodelle, die dann, zumeist im hohen Relief, in Gelb- und Weißgold ausgearbeitet wurden.

Untrennbar verbunden mit großer Schmuck-Kunst aus Frankreich ist der Name Fouquet. Gemeinsam mit *René Lalique* (1860–1945) gilt *Georges Fouquet* (1862 bis 1957) als einer der großen Pioniere des Art-Nouveau-Schmuckes. 1906 beteiligte er sich an der internationalen Ausstellung in Mailand mit einem großen Schlangen-Handschmuck für die Schauspielerin Sarah Bernhardt, nach einem Entwurf von Alphonse Mucha.

Die Schmuckstücke Fouquets entstanden auch in den zwanziger Jahren nach eigenen Entwürfen, nach Entwürfen des Sohnes *Jean Fouquet* (geb. 1899) – Mitarbeit seit 1919 – und, neben anderen, nach Entwürfen des Architekten Eric Bagge, des Plakatkünstlers Cassandre und des Bildhauers und Malers Lambert-Rucki. 1924 wurde Georges Fouquet Vorsitzender der Zulassungskommission, 1925 Präsident der Abteilung ›Schmuck‹ der ›Exposition Internationale des Arts Décoratifs et Industriels Modernes‹ in Paris.

Ohne Zweifel war Georges Fouquet noch der gleichsam erzählenden und dekorativen Richtung des Jugendstilschmucks verpflichtet. Dennoch verstand er es meisterlich, den Zeitgeist der Zwanziger in repräsentative Schmuckstücke umzusetzen, und zeichnet verantwortlich für einige der herausragendsten Schmuckstücke des Art Déco, die gewissermaßen als Synonym für diese Zeit gelten können. So eine Brosche mit anhängenden Ketten (Motif pour Robe) aus der Zeit um 1920–1925. Dieses Geschmeide mit einer Länge von 22,5 Zentimetern zeigt die Form eines stilisierten Chinesenkopfes mit fünf langen Kettenreihen aus Jadeperlen und zwei seitlich anhängenden größeren Jadekugeln. Die Maske ist gebildet aus einem grün emaillierten Gesicht mit Augen aus Onyx, eingefaßt von einem Weißgoldrahmen mit Diamanten, der auch den Hut aus Onyx umfaßt. Das Schmuckstück wurde in zwei Exemplaren hergestellt, wie die Abbildung eines nur geringfügig veränderten Stückes in der Zeitschrift ›L'illustration‹ vom 3. Dezember 1927 beweist.

Auf Drängen seines Vaters Georges Fouquet gab Jean Fouquet seine humanistischen Studien und schriftstellerischen Neigungen auf und trat in dessen Juweliergeschäft ein. Im Gegensatz zu seinem Vater entwarf er in den zwanziger Jahren streng geometrisch gehaltene Schmuckstücke, die ihm rasch künstlerischen Ruhm einbrachten. 1928 publizierte er ›Bijoux et Orfèvrerie‹, ein Nachschlagewerk seiner Gestaltungsprinzipien. Nach der Schließung des väterlichen Ateliers 1936 arbeitete er für private Kunden auf Bestellung. Im Jahr 1964 beendete Fouquet seine aktive Tätigkeit als Schmuckentwerfer und übergab seinen Kundenkreis an Raymond Templier.

Links WALTER, NANCY *Anhänger in Pâte-de-Verre. Mitte* RENÉ LALIQUE *Armband und Anhänger aus Glas. Rechts* GOUPY *und* HEILIGENSTEIN *Anhänger aus Glas mit Emaildekor.*

Obwohl er gleichsam gegen seine Neigung zum Schmuckentwerfer wurde, fertigte Jean Fouquet Klassiker des konstruktiven Art-Déco-Schmuckes. Virtuos spielte er mit den Materialien: geschwärztem Silber, Lack, Gelbgold, großflächig facettierten Halbedelsteinen, konzentrisch miteinander verbundenen Elementen. Matt geschliffener Bergkristall, von Diamanten umrahmt, wurde in Pyramidenformen, Rechtecken und getreppten Formen zu Broschen verarbeitet. Aus Onyx und Bergkristall entstanden asymmetrische Armreifen, monochrom geschmückt mit Mondstein, Platin und Amethyst.

Zahlreiche Entwurfszeichnungen von Jean Fouquet sind erhalten und werden im ›Cabinet des Dessins‹ des ›Musée des Arts Décoratifs‹ in Paris aufbewahrt.

Gérard Sandoz (geb. 1902) entstammt einer Uhrmacher- und Juwelierfamilie aus dem Jura. Sein Großvater Gustave und sein Vater Gustave-Roger Sandoz führten seit etwa 1865 Uhren- und Schmuckgeschäfte in Paris. Nach humanistischen und künstlerischen Studien – Gérard Sandoz malte und entwarf unter anderem Plakate – trat er in die väterliche Firma als Entwerfer für Schmuck und Gerät in strengen geometrischen Formen ein. Als einer der Pioniere der Schmuck-Kunst war er Mitglied der ›Union des Artistes Modernes‹ seit der Gründung 1928. 1931 löste er jedoch das Schmuckgeschäft mit Atelier auf und beschäftigte sich seither nicht mehr mit Schmuck, sondern hauptsächlich als Maler und Filmemacher.

Seine Formerfindung, die sich vor allem in großflächigen Anhängern ausdrückt, kennt keine Grenzen. Außergewöhnlich – wie auch viele andere Stücke – ist zum Beispiel ein großer Anhänger, dessen Form von einem Banjo beeinflußt ist. Die Kette setzt sich zusammen aus 13 langen, konischen, in ihrer gesamten Länge durchbohrten Bergkristallgliedern. Der Anhänger selbst besteht aus einer großen Rotgoldscheibe, auf die, von einem langen Onyxstab durchschnitten, eine Bergkristallscheibe in Weißgoldfassung aufgesetzt ist.

TISSOT
Uhr in Originaletui und emailliertem Schnappgehäuse.

Uhren in dekorativen Gehäusen. Die Einflüsse aus Fernost und der modernen Kunst sind unverkennbar.

Zu den begehrtesten Sammlerobjekten zählen jedoch seine phantasievollen Zigarettenetuis. Ihr präzises, vollendetes Design erinnert an konstruktivistische Bilder und ist ohne Zweifel von der holländischen Gruppe de Stijl und den Malern um Kasimir Malewitsch beeinflußt.

Die Entwicklung in der Malerei, und hier insbesondere der Kubismus, beeinflußte generell die Schmuckdesigner Frankreichs. Daneben aber sind Häuser wie die Juweliere Boucheron, van Cleef & Arpels und, last but not least,

Cartier mit ihren teuren Entwürfen zu nennen, die in ihrer Extravaganz und Kostbarkeit den reinen Luxusaspekt der zwanziger Jahre repräsentieren. Allen ›Juwelen‹ ist jedoch die Eleganz des verarbeiteten Materials und die unvergleichbare Harmonie der Proportionen gemeinsam. In der überfeinerten Zeit zwischen den Kriegen mag vieles fremd und prunkvoll erscheinen; die ungewöhnlichen Farbnuancen, die kostbaren Materialien – verbunden mit technischen Details –, sie vereinen sich jedoch stets zu einem geistvollen Dekor.

Neben der aufwendigen Schmuck-Kunst entwickelte sich im Zuge eines erhöhten Accessoire-Bewußtseins der Modeschmuck in zahllosen Variationen. Berühmtes Symbol, gerade für die zwanziger Jahre, wird – apart gestaltet – die Zigarettenspitze. Ebenso wurden Ohrclips modern – im Bereich des Modeschmucks vor allem aus Bakelit und Email –, dies im Zuge der populär gewordenen kurzen Haarmode. Roaring Twenties.

Von links nach rechts
CARTIER
Halter für Cocktailstäbchen aus Silber, Glas und Bergkristall.

CARTIER
Aschenbecher auf Ständer aus geschnittenen Steinen und Gold.

Art Déco aus dem Pharaonengrab

GÉRARD SANDOZ
Jade-Urne mit Silbermontierung.

ANONYM
Dose mit Eierschalenlackdekor, vergoldetes Silber und geschnittener Aquamarin.

Neben den abstrakten Art-Déco-Motiven, die, wie in der kubistischen und konstruktivistischen Malerei, Form- und Farbklänge suchten, gab es im Art Déco auch Modeströmungen, die aus anderen Quellen schöpften. In den zwanziger Jahren entdeckte man das alte Ägypten der Pharaonen sowie die Stufentempel und gezackten Ornamente der mittelamerikanischen Azteken.

Nachdem der britische Archäologe Howard Carter am 29. November 1922 im Tal der Könige des Grab des Tut-ench-Amun aufgespürt hatte, brach in Europa und Amerika eine Ägypten-Welle aus, die Stil und Mode mit sich riß.

In Hollywood drehte man prächtige Ägyptenfilme, in London stattete man das Grand Cinéma ganz auf ägyptisch aus.

Der Reichtum und die manierierte Lebensart des jung verstorbenen ägyptischen Gott-Königs sollten dem tristen Leben der zwanziger Jahre Glanz verleihen. Die Industrie – insbesondere die Schmuckindustrie – orientierte sich an dieser Devise.

Als Massenprodukte gab es Horosfalken als Ansstecknadeln, Skarabäenanhänger und -ringe, Nillandschaften als Gürtelschließen, Broschen und Ohrclips mit Hieroglyphen.

Obwohl als Modeschmuck gedacht, wurden diese Arbeiten handwerklich hervorragend ausgeführt: Die stilisierten Federn der Falken legte man mit exotisch gefärbtem Email aus, kleine Skarabäen wurden aus farbigem Glas gegossen und Halbedelsteine in mechanisch gestanzte Fassungen eingestreut. Der farbenprächtige Art-Déco-Schmuck im ägyptischen Stil verrät eine Vorliebe der Zeit: die Theatralik.

Niemals wieder beeinflußten Filme, Theater- und Revueinszenierungen oder Schlagzeilen über ein Ereignis wie die spektakuläre Entdeckung des Tut-ench-Amun-Grabes die Schmuckmode so spontan wie in den zwanziger Jahren.

Parallel zur Archäologie entnahmen die Designer auch ganz Konkretes aus der Gegenwart: Tennis, Jockeys, Windhundrennen, Sportwagen, Flugzeuge und Ozeandampfer. Diese Motive gab es vielfach schon aus Kunststoff oder, besonders teuer, mit Brillantbesatz. Bei den vornehmsten Juwelieradressen war die Kombination aus Kunststoff und Diamanten in den Auslagen zu sehen.

ALBERT CHEURET

Uhr aus versilberter Bronze im neu-ägyptischen Stil. Nach der Entdeckung des Tut-ench-Amun-Grabes übte die stilisierte Kunst Ägyptens einen starken Einfluß auf das Design der zwanziger Jahre aus.

RENÉ LALIQUE
›Le Voiseau de Feu‹, Leuchtobjekt mit mythologischem Motiv nach dem Ballett von Strawinsky.

RENÉ LALIQUE
›Victoire‹, Kühlerfigur im Pharaonen-stil.

Kinopalast in London im Stil eines ägyptischen Tempels.

MECCA
BINGO
PRIZE BINGO
BARS
BINGO
MECCA
SOCIAL
CLUB
TO THE ULTIMATE
BINGO EXPERIENCE
it's called...
mecca BINGO
TUESDAY
THURSDAY
FRIDAY
SATURDAY

Hohe Schule der Metallarbeiten in Frankreich

Metallarbeiten spielten im Art Déco eine hervorragende Rolle, denn das Material – kühl, glänzend, schnittig – spiegelt einen wesentlichen Aspekt des Lebensgefühls dieser Epoche wider. Entsprechend zahlreich erwiesen sich die edelmetall- und metallverarbeitenden Manufakturen und Künstler jener Zeit, vor allem in Frankreich. Die bereits 1842 gegründete französische Silberwarenfabrik Christofle & Cie. verfeinerte in den zwanziger Jahren das Verfahren der Metall-Versilberung und -Vergoldung: viel Glanz zu günstigen Preisen. Der Qualitätsanspruch wurde gewahrt durch die Beschäftigung namhafter Künstler wie Christian Fjerdingstad, Louis Süe, Cassé und Luc Lanel.

Als der wahre Schöpfer moderner französischer Gold- und Silberschmiedekunst der zwanziger Jahre muß *Jean Puiforcat* (1897–1945) bezeichnet werden. Als Bildhauer und Goldschmied, ausgebildet von seinem Vater, entwickelte sich sein ganz persönlicher Stil seit etwa 1922. Auf der großen Ausstellung in Paris, 1925, präsentierte er sich mit überwältigendem Erfolg als Wegbereiter einer Metallschmiedekunst, die mehr auf der Erfindung neuen Formengutes als auf dekorativen Elementen basierte. Dem Werkstoff Silber gab er kostbare Materialien bei: Elfenbein, Ebenholz, Jade, Lapislazuli und Kristall. Bereits in den zwanziger Jahren bezeichnete man ihn als den Initiator des Funktionalismus in der Goldschmiedekunst, und seine Erzeugnisse gehören zu den bedeutendsten Arbeiten des Art Déco. Dies wird auch nicht dadurch gemindert, daß er, im Gegensatz zu vielen seiner Zeitgenossen, einen Teil seiner Produktion maschinell fertigen ließ. Trotz der kantigen oder zylindrischen Grundformen, die eckig ausgestaltet werden, wirken seine Service niemals schwer oder martialisch. Eleganz bleibt das oberste Gebot, der Verzicht auf Ornamentik wird durch ausgewogene Proportionalität der Teile zu einem Gesamtornament in der Gestaltung.

FAYRAL *für* ATELIER LE VERRIER *Tischleuchte aus grün patiniertem Zinkguß.*

Jean Dunand (1877–1942), der nach Studien auf dem Gebiet der Bildhauerei, der Modellier- und Ziselierkunst seine Leidenschaft für die Lacktechnik entdeckte, betrieb in Paris ein großes Atelier für Metall- und Lackarbeiten. Für seine Angehörigen entwarf er auch Colliers, Ohrringe, Armbänder und Gürtelschnallen. Dabei bevorzugte er die Verbindung von Silber und Lack sowie seine Lieblingsfarben Weiß, Rot und Schwarz.

Alles, was aus seinem Atelier kam – vom Lackparavent bis zum kleinsten, mit Art-Déco-Muster spannungsvoll dekorierten Zigarettenetui –, war Handarbeit. So wie die aus Japan verpflichteten Lackkünstler eigenhändig gemischten Lack in dicken Schichten auftrugen, wurden auch in seinem Atelier alle Metallobjekte von Hand getrieben. Bei dieser sehr aufwendigen Arbeit mußte das Kupferblech in einer Holzform mit dem Hammer geschlagen werden, ein langwieriger Prozeß, denn zwi-

DEMETRE CHIPARUS *Revuetänzerinnen im Folklorestil, Elfenbein und polychrome Bronze auf Marmorsockel.*

EDGAR BRANDT
›La Tentation‹, Tischleuchte aus vergoldeter Bronze mit Alabasterschirm.

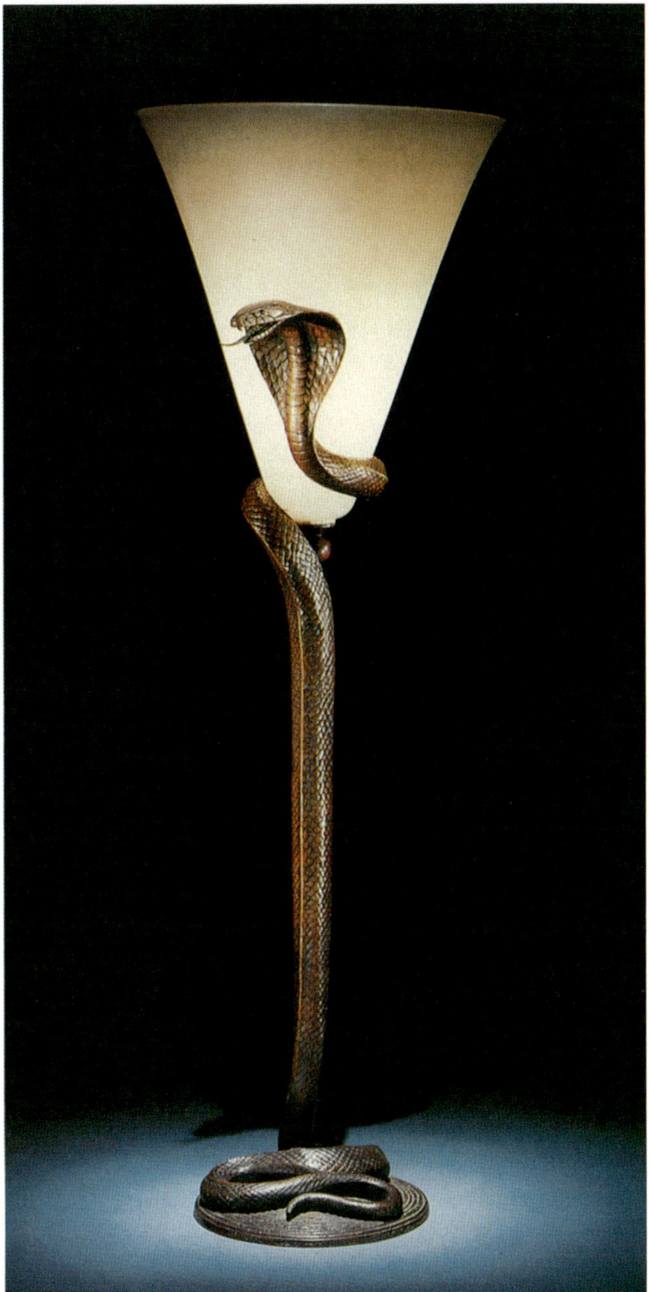

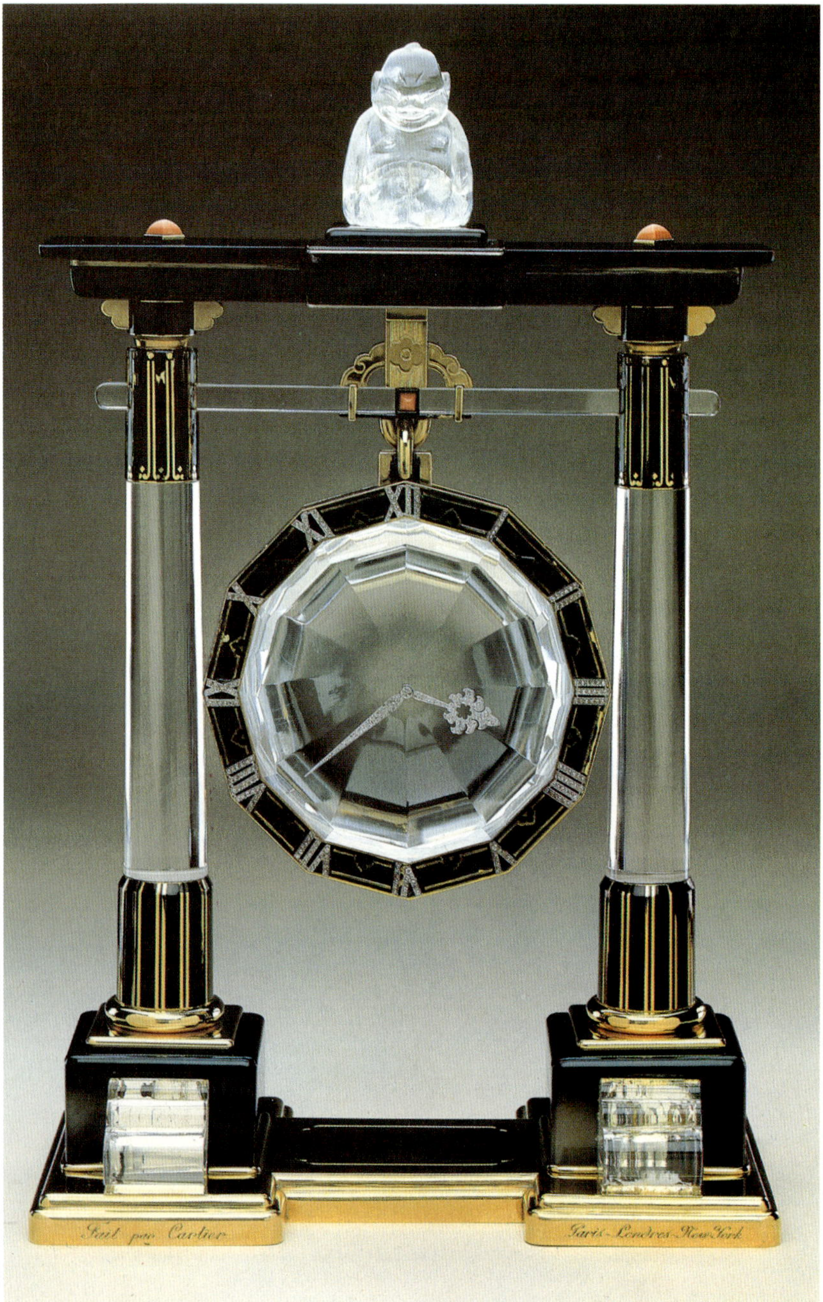
Fait par Cartier
Paris-Londres-New York

CARTIER *Kaminuhr ›Mysterieuse‹ aus Bergkristall und schwarzem Onyx mit zwölffach facettiertem Zifferblatt und Diamantbesetzung.*

ARMAND RATEAU *Couchtisch aus patinierter Bronze für Jean Lanvin.*

schendurch wurde das Metall im Hof glühend gemacht, um flexibel zu bleiben. Bevor ein Blech endgültig zur Vase geformt war, bedurfte es bis zu zwanzig Zwischenerhitzungen. Es waren demnach zahlreiche Verformungen nötig, um eine Vase mit geschlossenem Hals entstehen zu lassen.

Noch komplizierter fiel die künstlerische Weiterbearbeitung aus. In den zwanziger Jahren wurden diese Vasen entweder durch Reliefs verziert, die ebenfalls mit komplizierten Formwerkzeugen gehämmert wurden, oder man legte in die Kupfervasen Silber ein. Solche ›Inkrustationen‹ in Form von Zackenbändern, Dreieck- und Kreiskompositionen oder stilisierten Blumen produzierten neben Dunand die Firma Christofle und Claudius Limossier, der zum roten Kupfer Silberkontraste setzte. Oft eloxierte man die Metalle in changierenden Tönen; Dunand überzog solche Vasen noch zusätzlich mit Lack.

Als Besonderheit hatte der bedeutende Lackexperte den sogenannten Eierschalenlack erfunden. Tatsächlich dienten ihm kleine Eierschalenstückchen als Material,

aus denen er in den schwarzen Lack geometrische Muster komponierte. Die unregelmäßig gebrochenen Kalkpartikel erfüllten die eigentlich kühl geometrisch konzipierten Muster mit Stimmung und Leben. Mit diesen einfachen, aber jeweils konsequent im Sinne der abstrakten Art-Déco-Muster eingesetzten Dekorationsmitteln erlangte Jean Dunand Weltruhm. Seine Metallarbeiten – Zigarettenetuis, Dosen und Vasen – wie auch seine großen Lackparavents wurden besonders von einer für den Art-Déco-Stil wichtigen Käuferschicht begehrt: den Modemachern, die damals mit ihren aufsehenerregenden Kollektionen schockten und überzeugten.

Ebenso begehrt waren zu der Zeit Metallvasen aus Limoges. Auch sie lebten von der raffiniert erzeugten Oberfläche und sind, im Gegensatz zu Dunands Lackarbeiten, mit einer dicken Emailschicht bedeckt. Auf den klar geformten Vasenkörpern wurde das neue Form- und Farbgefühl des Art Déco in allen Variationen ausgespielt. Man findet Staffelungen pyramidenartiger Dreiecke in dunklem Blau, das nach oben immer heller wird, dazwischen Halbkreise, die einen stilisierten Sonnenaufgang

JEAN E. PUIFORCAT *Vierteiliges Tee- und Kaffeeservice auf Tablett, Silber und Kristallglas, entworfen 1925, Reedition.*

ANONYM
Tee- und Kaffeeservice, Frankreich.

JEAN E. PUIFORCAT
Schale aus Silber und Elfenbein.

assoziieren, kristalline Staffelungen aus metallisch wirkenden Blautönen, stilisierte Dreiecke mit Farbverläufen und eingestreutem Silberstaub, die sich wie die Blätter einer Artischocke um den Bauch einer Vase formieren, Strudel aus Farbrädern und Farbklänge aus kunstvoll konstruierten Farbfeldern. Der Autor dieser Art-Déco-Spezialitäten aus Limoges: Camille Fauré.

GEORGES LAYROFF
Kaminuhr, Sockel aus verschiedenen Marmorarten mit versilberter Amazone.

ANONYM
Kaminuhr aus verchromtem Metall mit dunkel patiniertem Holz. Kubismus und neue Sachlichkeit bestimmen die Form.

ANONYM

Modeschmuck im Tut-ench-Amun-Stil.

Manierismus der Formen in Wien

Erstaunlich ist die Entwicklung der Schmuck- und Metallarbeiten der zwanziger Jahre in Österreich. Wien, das im Jugendstil das florale, schmeichelnde Design verließ und Protagonist einer streng ornamentalen Richtung wurde, wandte sich einer rein dekorativen Kunst zu. In Paris begeisterte man sich für den Kubismus, setzte rein geometrische Muster in jedweder Gestaltung um; in Wien hingegen blühte ein verspielter Manierismus der Formen. Diese Tendenz mag wie eine späte Rache an Adolf Loos erscheinen, der gegen das Ornament als eine Form des Verbrechens wetterte, nunmehr das Ornament triumphieren zu lassen.

Eingeleitet wurde diese Richtung bereits von *Josef Hoffmann* (1870–1956), dem hochrangigen Architekten und Entwerfer des Jugendstils, der gerade wegen seiner geometrischen Formen den Spitznamen ›Quadratl-Hoffmann‹ erhalten hatte. Bereits um 1915 fertigte er getriebene Metallarbeiten mit Rippen und Falten, die man fast als biedermeierlich bezeichnen könnte. Gleiches gilt für seine Schmuckentwürfe, die fragile Elemente aus Gold und Elfenbein aufweisen und Blattwerk, Blüten und zierliche Figurinen zu fast zarten Schmuckstücken verbinden.

In *Dagobert Peche* (1887–1923) jedoch fand die Wiener Werkstätte den Meister der von Leichtigkeit inspirierten Arbeiten, die sich, absolut geschmackssicher, jeden Manierismus erlauben konnten. In einem etwa 1920 verfaßten Artikel über Peche schrieb Willi Frank: »... durchgehendes Merkmal dieser Kunst ist die vollkommene Aufhebung jeder Schwere ... Leichtigkeit der Erscheinung, Befreiung von der Nüchternheit und Buchstäblichkeit der Materie.«

Dem vielseitigen Kunstgewerbler, Entwerfer für Keramik, Glas, Schmuck, Metallwaren, Stoffe und Spielzeuge war eine kurze, aber brillante Karriere beschieden. Er starb 1923 im Alter von nur 36 Jahren. In seinen Arbeiten voll Raffinement und Phantasie spielte das Ornament, die ornamentale Linie, noch einmal eine bevorzugte und führende Rolle. Er verlieh dem rein Zweckmäßigen – das sich in Deutschland durchzusetzen begann – Eleganz und nahm der neuen Sachlichkeit ihre Nüchternheit durch Anmut und Ungezwungenheit.

Seine Schmuckstücke zeichnen sich durch besondere Detailfülle und – zumeist wie im Jugendstil – florale Elemente aus. Völlig im Gegensatz zum Jugendstil steht jedoch die subtile Stilisierung und die überraschende Asymmetrie der ausgesparten Räume. Wie Spitzengewebe erscheinen seine Broschen und Colliers, die vorzugsweise in ›natürlichen‹ Materialien wie Perlmutt und Elfenbein, kombiniert mit Gold, gearbeitet sind. Die von ihm entworfenen Kassetten und Schatullen aus Gold, Silber und Messing lassen beim ersten Anblick jede Funktionsbezogenheit vermissen. Schlanke Rehe, Gazellen – allgemein beliebte Motive des Art Déco – erheben sich auf diesen Schmuckgegenständen und werden überspielt von filigranen Blättern und Früchten, die sich zu Arabesken ranken. So formulierte Berta Zuckerkandl – Mitglied der Wiener Werkstätte – anläßlich des Todes von Peche, daß Wien mit ihm »das größte Ornamentgenie, das Österreich seit dem Barock hervorgebracht hat, besessen hat«.

Dennoch sollte man in Wien nicht von einem gewissermaßen dritten Rokoko sprechen, sondern von einer sich ins ›Surreale‹ wendenden Ornamentkunst.

Auch Josef Hoffmann bediente sich zunehmend der Arabeske, ohne den wahren Höhenflügen Peches zu folgen. Der Purismus, den Hoffmann jedoch einst in einer Zeit des floralen Ornaments verinnerlichte, wandelte sich in seinen Schmuckstücken und Tafelaufsätzen der zwanziger Jahre zu leichten, geschwungenen Strukturen.

Kunsthandwerk in Skandinavien und Deutschland

In den skandinavischen Ländern bereitete sich einerseits ein völlig schmuckloser Stil vor, der in den fünfziger Jahren weltweit Vorbild wurde, andererseits fertigten Silber- und Goldschmiede wie beispielsweise *Georg Jensen* (1866–1935) sparsam dekorierte, kostbare Silbergeräte. Jensen, der bereits 1904 in Kopenhagen ein eigenes Atelier gegründet hatte und als Jugendstilkünstler hervortrat, sublimierte seinen Stil in handwerklich präzise ausgeführten Oberflächen und plastisch modellierten Details, die er seinen Gefäßen beifügte. Zu seinem Markenzeichen wurden plastische Dekors an der Mündung und am Henkel der Gefäße sowie Dolden, Ranken und Perlenmuster in Blütenanordnung.

Erik Magnussen (1884–1961), ebenfalls aus Dänemark stammend, jedoch in die Vereinigten Staaten ausgewandert, lieferte mit seinen Arbeiten eine kunsthandwerkliche Variante des Expressionismus. Für seine Service verwendete er zumeist poliertes Silber mit Goldflächen und oxydierten Graustahl – Farb- und Formfelder einander in abstrakter Manier zugeordnet –, so daß sie an ein Gemälde der frühen Schaffensperiode Wassily Kandinskys erinnern.

Der Däne *Sigwardt Bernadotte* (geb. 1907) entwickelte ebenfalls einen streng funktionalen Stil, der sich wie die Arbeiten seines Landsmannes *Kaj Boysen* (1886–1958) durch schlichte und damit zukunftsweisende Formgebung auszeichnete.

In Deutschland folgte die Entwicklung des Kunsthandwerks anderen Kriterien als beispielsweise in Frankreich und Österreich. Hier von Art Déco, also von dekorativer Kunst zu sprechen, ist nicht angemessen. Handwerklich überzeugende Arbeiten der Metall- und Schmuckkunst wurden auch hier geschaffen, jedoch eher in Anlehnung an die führende Rolle Frankreichs und im Vergleich dazu ein wenig bieder.

Das 1919 von dem Architekten *Walter Gropius* (1883–1969) in Weimar gegründete Bauhaus beschritt auch in seiner Metallwerkstatt einen eigenständigen Weg. Für diese Werkstatt war bis 1923 der Schweizer Maler *Johannes Itten* zuständig, in den folgenden Jahren hat *Moholy-Nagy* sie mit seinem Formwillen geprägt.

Neben der auf das Praktische gerichteten Metallwerkstatt, die in erster Linie auf die Entwicklung und Herstellung von Gebrauchsgeräten abgestimmt war, gab es in freier Verbindung mit dem Weimarer Bauhaus eine Werkstatt für Schmuck, die von *Naum Slutzky* als Privatbetrieb geführt wurde. Das Ziel aller Entwürfe war Klarheit, Sachlichkeit und Zweckmäßigkeit unter Überwindung des Historismus sowie Angliederung des Einzelobjekts an Formen der Technik. In den frühen zwanziger Jahren zeigte sich an den Servicen noch die vorherrschende Neigung der Studierenden zu formal vergleichsweise komplizierten Gestaltungsaufgaben und das im Vordergrund stehende bildnerische Problem. Bei den Entwürfen *Christian Dells* zum Beispiel lassen sich die Vorbilder aus Frankreich nicht verleugnen. In den nach 1924 entstandenen Arbeiten tritt jedoch die Erwägung, daß die Dinge vor allem technisch zweckvoll und handlich sein sollten, mehr und mehr in den Vordergrund – es scheint nur noch ein kleiner Schritt bis hin zu einem spezifischen ›Industrial Design‹. Hier sind insbesondere die Arbeiten von Otto Rittweger, Josef Albers, Wolfgang Tümpel, Wilhelm Wagenfeld und Marianne Brandt zu nennen.

Populäre Mythen aus Metall, Email und Elfenbein

Rechts Lincoln-Reklame zur Kolonialausstellung Paris 1931 aus ›L' Illustration‹.

Nicht nur der stilisierte Mythos des Tut-ench-Amun lebte im Art Déco wieder auf, sondern auch ein Mythos aus der bürgerlichen Zivilisation: der Vamp als laszive Reizfigur und Gegenbild der braven bürgerlichen Frau. Seit der Romantik und dem Jugendstil spielte der Vamp eine Rolle, belebte in den zwanziger Jahren den Umsatz an den Kinokassen. »Der Zwang, Männer nicht nur materiell auszubeuten, sondern physisch zu zerstören und ihnen

DEMETRE CHIPARUS *Revuetänzerin als exotische Tempelpriesterin, polychrome Bronze, Elfenbein auf Marmorsockel.*

735_A4
Comparable à ces temples d'Asie dont la beauté de chaque détail concourt à l'harmonie de l'ensemble - œuvres de générations d'artisans - la Lincoln, mécanique de précision avec ses 6.500 opérations effectuées au 25/1000 de m/m est le chef-d'œuvre de la construction automobile. Ainsi l'a voulu Henry Ford qui signe la Lincoln comme autrefois l'artisan signait son œuvre.
Magasin d'exposition : 79, Avenue des Champs-Élysées - PARIS
LINCOLN

ihr Seelenheil zu rauben, verweist den Typus des Vamps in fast metaphysische oder religiöse Dimensionen; der Vamp ist nicht so sehr ein sündhafter Mensch, als vielmehr die Sünde selbst, die ja in sich, was den Reiz der Ambivalenz in diesen Filmen ausmacht, durchaus unschuldig ist«, so beschreiben die Verfasser zu Rowohlts Lexikon über Populäre Kultur das Erscheinen dieses Frauentyps auf der Leinwand.

Aber nicht nur auf der Leinwand hatten Vampdarstellungen ihr Publikum. Jenen Typus Frau entdeckten auch die Elfenbeinschnitzer und verhalfen ihm zu ansehnlichem Erfolg.

FERDINAND PREISS *Schmetterlingstänzerinnen aus patinierter Bronze und Elfenbein.*

Mediennah, nach Illustrierten und Kinoplakaten, schuf der aus dem Odenwald stammende Berliner Werkstättenleiter *Ferdinand Preiss* den Vamp des deutschen Films fürs bürgerliche Vertiko: Auf einen stufenförmigen Marmorsockel setzte er die 50 Zentimeter hohe Figur der Schauspielerin Brigitte Helm in ihrer Rolle aus Fritz Langs Film ›Metropolis‹.

Das rätselhafte Gesicht und die schlanken Hände der Figur bestehen aus Elfenbein, der utopische Kopfschmuck und die Bekleidung sind aus patinierter Bronze gefertigt.

Der Kontrast aus Metall und Elfenbein steigerte noch die Erotik der Figur. Dieser Materialgegensatz wurde bereits im Altertum für luxuriöse Statuetten ausprobiert und wird von Fachleuten mit ›chryselephantin‹ bezeichnet, was soviel heißt wie die Verbindung von Gold und Elfenbein.

Preiss beließ es aber nicht bei solchen Vampmotiven. Beim Blättern der Illustrierten entgingen ihm nicht die Speerwerferinnen, Tennisspielerinnen und die mit Medizinbällen Freikörperkultur betreibenden Mädchen der Kraft-durch-Freude-Generation. Olympia 1936 stellte er – ebenso wie die deutsche Herrenreiterin, den flötespielenden Pimpf und die Champagnertänzerin – in Bronze, Elfenbein und Onyx mit der Besessenheit eines Fetischisten dar.

Rechts Reklame des Porzellanfigurenherstellers Robj.

ANONYM
Statuette aus Elfenbein, patiniertem Zinkguß auf Marmorsockel.

BOURAINE
›Diane Chasseresse‹, patinierte Bronze, Guß Etling, Paris.

En vente dans toutes les maisons d'élegance
Les Bibelots à la Mode
Robj
PARIS
exiger la signature
Brûle-Parfums Electriques
Boites à Poudre
Bonbonnières
Sujets décoratifs lumineux
Encriers Cendriers
Allumeurs Electriques
Luminaires
Pendulettes, etc.
Gros exclusivement Robj 3, Cité d'Hauteville

Weltruhm mit chryselephantinen Figuren hat heute ein rumänischer Kollege von Ferdinand Preiss erreicht, der sich in Paris auf Elfenbeinschnitzen und Bronzegießen spezialisierte. Die Rede ist von *Dimitri* (später französisch Demetre) *Chiparus*, dessen spektakuläre Komposi-

ANONYM
Skulptur aus polychromem Zinkguß, Elfenbein und Wurzelholz.

tionen heute auf den Rekordlisten der großen Auktionshäuser rangieren. Das, obwohl das Geschnitzte, Gegossene und Ziselierte des Rumänen noch vor einem Jahrzehnt bei Sotheby's und Christie's zur Auktion nicht zugelassen war.

Auch er setzte auf seine kompliziert getreppten Marmorsockel populäre Mythen. Seine Spitzenstars kommen von den Revuebühnen, zeigen Schlangentänze, russisches Folkloreballett oder tanzen einen ›Sonnenaufgang‹. Sie heißen ›High Kick‹, ›Genre Dancer‹, ›Pirouette‹ oder ›Odeon Dancer‹. Diese Ballette aus fein ziselierter Bronze und Elfenbein konnte man in Pariser Juweliergeschäften kaufen. Vor allem in England und den USA gab es Freunde dieser großen Fetischobjekte. Der Erfolg ermunterte die Industrie, solche Kompositionen aus synthetischem Elfenbein und billigem Zinkspritzguß auf den Markt zu bringen. Von den handgearbeiteten Stücken sind sie, mit etwas Übung, leicht zu unterscheiden.

DEMETRE CHIPARUS
Figuren von Tänzerinnen aus polychromer Bronze, Elfenbein auf Marmorsockeln.

Speziell für Lederfetischisten schuf ein Berliner Künstler wohl die bemerkenswerteste Kollektion der Chryselephantinen. Aus dem Atelier von Bruno Zach kamen Mädchen in Lederuniformen aus geschwärzter Bronze, zigarettenrauchend.

Eine Frauengestalt mit Stöckelschuhen, kurzen Shorts und einem aus Elfenbein geschnitzten Spitzbusen hält auf dem Rücken eine Reitpeitsche. Titel dieser 32 Zentimeter hohen Bronze-Elfenbein-Komposition: ›Die Reitpeitsche‹.

In dieser Kunstkollektion für Sadomasochisten schuf der Berliner Künstler auch eine Nackte aus Elfenbein, die sich in aus Bronze ziselierte Pelze hüllt.

Figurenfetischismus gab es auch auf Rädern, und zwar als Zierde großer Limousinen und sportlicher Roadster: Kühlerfiguren – die momentan wie die chryselephantinen Figuren zu einem Sammelgebiet werden – schuf man schon zur Zeit des Jugendstils. Damals hatte der englische Bildhauer *Charles Sykes* (1875–1950) eine junge Frau im Flattergewand modelliert. Sie war das beste Werk des Bildhauers, der übrigens auch die Brunnenfigur am Londoner Piccadilly Circus schuf.

Eine flatternde Elfe machte als ›Spirit of Ecstasy‹ Automobilgeschichte, nachdem sich die Firma Rolls-Royce entschlossen hatte, die Zierstatuette von Sykes als Markenzeichen serienmäßig zu übernehmen. Von ihr sagt man, daß sie die Gesichtszüge und Körperformen der bildschönen Eleanor Thornton wiedergibt, die beim zweiten Lord Montague of Beaulieu, einem passionierten Automobilisten, als Privatsekretärin diente. Der schönen Lady war es aber nicht vergönnt, die Unsterblichkeit, die sie als ›Spirit of Ecstasy‹ erfuhr, noch zu erleben. Als sie im Winter des Jahres 1915 den Lord auf einer Schiffsreise nach Indien begleitete, wurde der Dampfer von einem Torpedo getroffen und versenkt. Der Lord konnte sich retten, seine Sekretärin jedoch fand den Tod.

Die kleine Kühlerfigur hingegen, die in den frühen Zeiten noch in der Technik der verlorenen Wachsform gegossen und vom Künstler selbst kontrolliert sowie überarbeitet wurde, gewann bei einem Wettbewerb in Paris den ersten Preis und avancierte zum Symbol einer legendären Automobilfirma.

Nachdem die Rolls-Royce-Modelle immer schneller wurden, schuf Charles Sykes die ›Kneeling Lady‹, eine Variante zur ›Spirit of Ecstasy‹, die auf dem Kühler kniete, um dem Fahrer eine bessere Sicht zu gewähren. Die Modelle nach dem Zweiten Weltkrieg zierte wieder eine neun Zentimeter hohe ›Spirit of Ecstasy‹, die Verkleinerung der ursprünglich 17,5 Zentimeter großen Figurine.

Nicht nur Rolls-Royce war es vorbehalten, stolz seinen künstlerischen Kühlerschmuck auf der Motorhaube zu

RENÉ LALIQUE
Kühlerfigur ›Victoire‹.

Kühlerfigur für den ›Voisin‹.

präsentieren. Dieser Schmuck, oft mit magischem Nebensinn, wurde bald zum Firmenzeichen für Marken wie Packard, Lincoln, Jaguar, Horch, Hispano Suiza. Einige führende Künstler wandten sich in den zwanziger Jahren ganz der Gestaltung von Kühlerfiguren zu. So schuf der französische Bildhauer Bazin die berühmte ›Spirit of Triumph‹, eine geflügelte, im Art-Déco-Stil kantig gestylte Frauengestalt, die zwischen den in Fahrtrichtung ausgestreckten Armen ein stilisiertes Autorad hält. Dieses Motiv wurde später von Packard übernommen und, naturalistisch als ›Goddess of Speed‹ abgewandelt, zum Markenzeichen der amerikanischen Firma.

Wohl die schönste Kühlerfigur in ihrer Art-Déco-Stilisierung ist der ›Fliegende Storch‹, der der in Frankreich und Spanien gebauten, ursprünglich schweizerischen Nobelmarke Hispano Suiza als Galionsfigur diente. Der silberne Vogel, der auf der Kühlerhaube mit kräftigem Flügelschlag die Fahrt begleitet, stammt wie die ›Spirit of Triumph‹ von Bazin.

Reklame für Bugatti aus ›L' Illustration‹. Die Darstellung der Geschwindigkeit war ein beliebtes Thema der Epoche.

Weit über die Art-Déco-Periode hinaus hat sich eine englische Kreation gehalten: der ›Springende Jaguar‹, den der englische Bildhauer Gordon Crosby 1938 für den Jaguar in präziser Stilisierung kreierte, nachdem man zuvor eine weniger populäre Version des Bildhauers Desmo eingeführt hatte. Sie war zu naturalistisch und altmodisch, während ihre schnittige Art-Déco-Nachfolgerin der Firma zu einem dynamischen Image verhalf.

Neben diesen sehr zahlreichen und in ihrer Qualität ganz unterschiedlichen Kreationen gab es auch bemerkenswert konsequente Lösungen. Der französische Firmeninhaber Voisin entwarf 1927 eine Figur nach den Prinzipien eines mechanischen Ornaments. Aus zwei Aluminiumplatten schnitt er scharfkantige Flügel, die mit gut sichtbaren sechskantigen Schrauben zusammenmontiert waren. Sein technisches Flügelornament sollte ursprünglich nur ein Experiment sein. Bald aber gingen die ersten Bestellungen ein, und 1928 fertigte Voisin von seiner konstruktivistischen Flügelplastik bereits 5 000 Exemplare!

BUGATTI
LE PURSANG
DE L'AUTOMOBILE
ET DU RAIL

Plakat für Fritz Langs Film ›Metropolis‹, 1926.

Einfluß aus der Traumfabrik

Neben dem konstruktiven Formenrepertoire aus Architektur und kubistischer Malerei spielte die Medienwelt für den Art-Déco-Stil eine ganz eminente Rolle.

Auf das Kunsthandwerk übte die Traumfabrik der Filmindustrie großen Einfluß aus. Sie lieferte als Kontrastprogramm zu den unterkühlten, abstrakten Formen ganz konkret Assoziatives. Ägyptischer Prunk, assyrisches Gold oder chinesische Schnörkel stammten aus dem Abenteuer- und Kostümfilm. Selbst die Bühnenstars und ihr modisches Erscheinen spielten eine Rolle bei Art-Déco-Kamingarnituren mit ägyptischen Tänzerinnen, vamphaften Frauen und kessen Pin-up-Girls.

Wie im Jugendstil wurde, inspiriert durch die Medienwelt, der Mythos gepflegt. Nur die Elfenfrauen des René Lalique waren zum ›Blauen Engel‹ mit Marlene Dietrich in der Hauptrolle geworden. Und das im Abstand von dreißig Jahren: Lalique hatte 1900 Premiere, der Film mit Marlene Dietrich 1930.

Charles Kiffer
MAURICE
CHEVALIER

MALEREI UND GRAFIK

Art-Déco-Malerei

Versuchen wir den häufig kritisierten Stilbegriff Art Déco in der Malerei anzuwenden, geraten wir noch stärker als beim Jugendstil in eine Konfliktsituation. Vorweg wäre zu sagen, daß der Begriff Art Déco als stilistischer Begriff durchaus seine Berechtigung hat, gerade die häufig abgelehnte, widersprüchlich erscheinende Verbindung von Kunst und Dekorativem beschreibt die spezifischen Merkmale einer wesentlichen Kunstrichtung der zwanziger Jahre besonders treffend. Vielleicht dürfen wir heute aus historischer Distanz sagen, daß das, was die Malerei der zwanziger Jahre bestimmt, die neue Sachlichkeit ist. Sie identifiziert sich exakt mit diesem Zeitabschnitt unseres Jahrhunderts. Ein allgemein dominierender Realismus zeichnete sich in Frankreich, Italien, der Schweiz und den USA ab. Die Protagonisten der neuen Sachlichkeit sind jedoch vor allem in Deutschland, in der Person von *Otto Dix* (1891–1969) und *George Grosz* (1893–1959) zu finden.

Seite 186
CHARLES KIFFER *Plakat für Maurice Chevalier.*

In Italien entwickelte sich ein klassischer Realismus, der von den Malern der Pittura Metafisica getragen wird. Der schon totgeglaubte Expressionismus erreichte in den Bildern *Kokoschkas* (1886–1980) und *Kirchners* (1880–1938) in diesen Jahren nochmals einen Höhepunkt. So wird eine Zeit immer noch von Archaismen bestimmt, die ihre eigene Modernität gefunden haben. In der gleichen Zeit, in der die Realität in der Malerei zu einem wesentlichen Bedürfnis zu werden scheint, entwickelte sich parallel das Verlangen nach einer über die Wirklichkeit hinausgehenden Bilddarstellung. Mit *André Bretons* (1896–1966) ›Surrealistischem Manifest‹ 1924 schließt sich eine künstlerische Bewegung zusammen, die zuerst von den Dichtern angeregt, dann aber schnell von den Malern getragen wird. Surrealismus, eine echte Kreation der zwanziger Jahre, sollte die Kunst bis in unsere Gegenwart hinein begleiten. Der abstrakte Surrealismus, der in Metaphern und Zeichen zu uns spricht, trifft sich wiederum mit der großen abstrakten Bewegung, die durch *Kandinsky* (1886–1944) 1910 ins Leben gerufen wurde. Durch *Mallet* (1886–1945) wird 1914 bereits eine äußerste Reduktion der Bildmittel erreicht, die während der zwanziger Jahre in der Gestalt überragender Künstlerpersönlichkeiten ihre individuelle Ausdeutung erfährt. Der Konstruktivismus, eine andere Spielart der abstrakten Malerei, hat seine Ursprünge in Holland und Rußland. Sein Hauptvertreter *Piet Mondrian* (1872–1944) wandte auf seine Malerei das von ihm selbst gefundene Wort ›Neoplastizismus‹ an.

Kees van Dongen: der Maler des ›La Vie Parisienne‹

Bei aller Widersprüchlichkeit der unterschiedlichsten Tendenzen treffen sich die Künstler im Geist des Neuen, das heißt Losgelösten, den konventionellen Rahmen Sprengenden – aber nicht nur in ihren Werken, sondern auch in ihrer Lebensform. Die Lebensform – ein übersteigerter Ästhetizismus, zugleich eine die Gesellschaft schockierende Freizügigkeit und ›Absonderlichkeit‹ – wurde vor allem in zwei Städten gelebt: in Berlin und Paris. In Paris entwickelte sich wohl daraus resultierend eine Gruppe von Malern, die quasi als ›Milieuschilderer‹ formal wie in der Geisteshaltung dem Art Déco zuzurechnen sind. So verbinden sich in den Bildern des holländischen Malers *Kees van Dongen* (1877–1968) Eleganz, Sensibilität und Stilisierung, und unter diesen Aspekten ist er ohne Zweifel ein Maler des Art Déco. Seine kräftigen Farben setzt van Dongen in der Art japanischer Holzschnitte und erzielt damit überraschende, jedoch immer rein dekorative Effekte. Aufgrund seiner Porträts zahlreicher ›Halbweltdamen‹ wird er häufig als Toulouse-Lautrec der zwanziger Jahre bezeichnet. Bei aller Verschiedenheit zeigen jedoch auch seine Frauenbildnisse die gleiche Distanziertheit und Isoliertheit wie die ›Montmartre-Blumen‹ Toulouse-Lautrecs. Und eben durch die Vivisektion des Einzelschicksals wird ihre Darstellung typisiert, Abbild der Epoche.

RENE BUTHAUD. *Glaspanel mit mythologischem Motiv.*

R. BUTHAUD

Porträts als Abbild einer Epoche

Porträts von Angehörigen der modernen Gesellschaft malten auch zwei Frauen: Tamara de Lempicka und Romain Brooks. Zwei Frauen, die eigentlich wie Fernand Khnoopf Selbstporträts malten, da sie ihr eigenes Leben spiegelbildlich im Antlitz der Dargestellten wiederfanden.

Von *Tamara de Lempicka* (1898–1980), deren Frauenbildnisse mythologischen Göttinnen des Zeitalters der Wolkenkratzer, des Charleston und der schicken Automobile gleichen, ist nicht einmal das Geburtsdatum gesichert. Befragungen der in Houston lebenden Künstlerin blieben erfolglos. Ob sie in St. Petersburg studiert hat, bleibt genauso umstritten wie der Zeitpunkt, zu dem sie nach Paris kam. Sicher ist, daß sie einen Baron Lempicki heiratete, sich von ihm scheiden ließ, um 1924 Baron Raoul Kuffner zu heiraten. Belegt sind ihre Erfolge im Salon des Indépendants (1923) und bei Colette Weill (1930). Später ging sie nach Amerika und lebte zeitweilig in Hollywood, wo sie mit Schauspielern wie Tyrone Power, Charles Boyer und Theda Bara befreundet war. Fotos zeigen eine bildschöne, aristokratisch wirkende Frau, die auf überraschende Weise zu ihren Bildern paßt.

Ihr völlig eigenständiger Stil wird häufig als eine Synthese zwischen Manierismus, dem Maler Ingres und dem Kubismus umschrieben. Ihre malerische Qualität jedoch zeigt sich in der stark dekorativen Eigenart ihrer Bilder, die sozusagen Spiegel eines ›Zeitzustandes‹ sind.

Gleichsam ihr eigenes, bizarres, die Phantasie anregendes Leben verdinglicht in ihren Bildern *Romaine Brooks* (1874–1970). Nach einer sehr bewegten und unglücklichen Kindheit, die sie von Rom nach New York und auf eine Reihe von amerikanischen und europäischen Schulen führte, studierte sie 1896–1897 in Rom, richtete 1899 ihr Studio auf Capri ein und nahm dort Kontakt zu jener Gruppe homosexueller Künstler und Exzentriker auf, die Roger Peyrefitte in seinem Roman ›Exil in Capri‹

beschrieben hat. Nachdem sie durch eine Erbschaft finanziell unabhängig geworden war, lebte sie abwechselnd in London und Paris, verwickelt in zahlreiche Liebschaften mit namhaften Künstlern – in diesem Punkt ähnelt ihr Leben dem von Peggy Guggenheim. Ihr Appartement in Paris wurde zu einem Treffpunkt der künstlerischen Avantgarde. Hier lernte sie Nathalie Clifford Barnes kennen, mit der sie fast vierzig Jahre zusammenleben sollte. Die Freundinnen waren Kristallisationspunkt vor allem der amerikanischen Künstlerkolonie in Paris, kein Maler, Schriftsteller oder Musiker, der sich nicht ihrer Freundschaft versichert hätte.

Ihre Federzeichnungen erinnern in ihrer phantastischen Figuration, die aus einer Linie gebildet ist, an den niederländischen Symbolisten Thorn Prikker. In Darstellung und Gestaltung sind sie darüber hinaus ohne Zweifel Beardsley und Alastair verwandt. Ihre Porträts von Freunden sind jedoch in ihrer distanzierten Kühle, bewußt modischen Glattheit, angereichert mit symbolistischen Attributen, dem Art Déco zuzuordnen.

Ein neues Maß an Freiheit bemächtigt sich des schöpferischen Bewußtseins

Der Begriff Art Déco umschreibt zweifelsfrei ein dekoratives Programm. Die Problematik, es in die bildende Kunst, das heißt, in die Malerei und Plastik einzubeziehen, ist offenkundig. Werner Hofmann schreibt dazu in seiner Publikation ›Von der Nachahmung zur Erfindung der Wirklichkeit‹, 1969: »Ich meine die Entthronung des Staffeleibildes, das seine ehemals führende Stellung eingebüßt hat und heute nurmehr einen kleinen Ausschnitt des Gesamtterrains der schöpferischen Möglichkeiten umfaßt.« Diese Feststellung könnte mißverstanden werden. Sie diagnostiziert nicht das Ende der Malerei, sondern das Ende der von der Malerei seit der Renaissance beanspruchten Vorrangstellung. Seit die »Entdeckung der Welt und des Menschen« (Jakob Burckhardt, ›Die Kultur der Renaissance in Italien‹, 1860) vom Künstler die Wiedergabe der vergänglichen Wirklichkeit verlangte und folglich jene Kunstgattung am meisten pries, welche sich den größten mimetischen Wirklichkeitsumfang anzueignen wußte, war der Triumph der Malerei über die Plastik entschieden. Schon Leonardo da Vinci sprach in seiner ›Gemäldetheorie‹ damals aus, was der Malerei in den kommenden Jahrhunderten die Publikumswirksamkeit sicherte: ihre Fähigkeit, die Dinge im Raum zu ordnen, Licht und Luft an ihnen sichtbar zu machen, das Nächste und das Fernste, das Greifbare und das Ungreifbare wiederzugeben.

In den zwanziger Jahren jedoch »von den außerkünstlerischen Autoritäten der Welt des Augenscheins weder gelenkt noch bevormundet, bemächtigt sich des schöpferischen Bewußtseins ein neues Maß an Freiheit. Es denkt nicht mehr in isolierten Kategorien, sondern überläßt dem ›élan initial‹ des Formgeschehens die verschiedensten materiellen Metamorphosen. Dieser Impuls kann sich in Stein oder Glas, im Tafelbild oder im Lüster konkretisieren, Malerei in Plastik, die sie in Architektur übergehen lassen, kurz: die ganze materielle ›Vorratskammer‹« (Kandinsky, ›Über das Geistige in der Kunst‹, 1913) steht ihm zur Verfügung.

Potentiell unendlich wandelbar, gilt von diesem Elan das Wort Henri Bergsons: »... seine Wahl wird niemals endgültig sein; er wird unbeschränkt von einer zur anderen überwechseln« (›La vie et l'œuvre de ravaison‹, 1904). Hofmann schreibt weiter: »Der Schlüssel, der den Zugang zum unerschöpflichen Radius der Interpretation in die Hand gibt, ist die von Kandinsky behauptete Äquivalenz und Vertauschbarkeit von Linie und Stuhl, von abstraktem Zeichen und härtester Materie ... des Bestrebens nämlich, die kategorialen Grenzen und Rangunterschiede zwischen den künstlerischen Gattungen aufzuheben und einer elementaren Transitionalität des Formgeschehens Bahn zu brechen, welche Architektur, Plastik und Malerei nicht mehr als distinkte Kategorien, sondern bloß als verschiedene Konkretisationsarten eines einzigen ›univers des formes‹ (Henri Focillon) gelten läßt.«

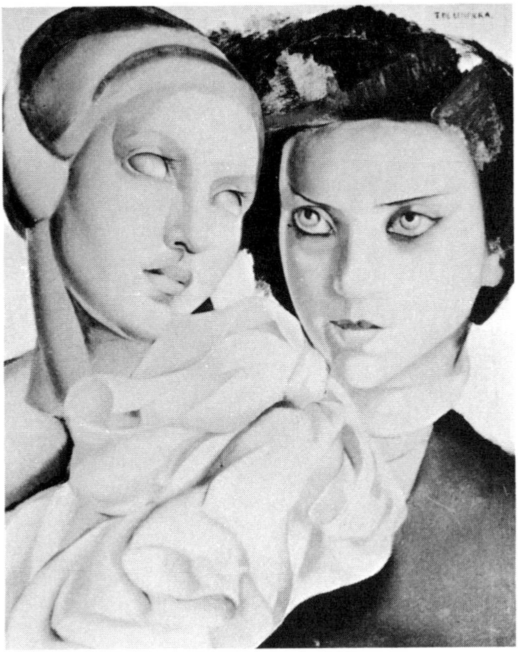

TAMARA DE LEMPICKA

Die russische, in Paris lebende Malerin schuf Frauenbildnisse mythologischer Göttinnen des Zeitalters der Wolkenkratzer, des Charleston und der schicken Automobile. Beide gegen 1930.

TAMARA DE LEMPICKA
Links Andromède Ölbild, Paris späte 20er Jahre

Portrait de la duchesse de la Salle Ölbild, Paris 1925 (Ausschnitt).

›Avantgarde der angewandten Kunst‹

In Paris entwickelte sich ein quasi ›dekorativer Kubismus‹, der sich an der Malerei orientierte, aber nicht vorgab, Malerei zu sein.

Die Malerei wird auf ein Objekt angewendet, und man kann von einer ›Avantgarde der angewandten Kunst‹ sprechen.

Die Wandschirme der Künstlerin *Vanessa Bell* (1879 bis 1961) ›à la Matisse‹ sind hierfür klassische Beispiele. Sie war die führende Künstlerin der Gruppe Omega-Workshops, einem von *Roger Fry* (1866–1934) in London initiierten Unternehmen. Bereits 1913 nahm die Werkstätte ihre Arbeit auf und wählte den griechischen Buchstaben Omega für die im Kollektiv anonym ausgeführten Werke.

Die Arbeiten der Omega-Workshops sind beispielhaft für die zahlreichen Erzeugnisse des Art Déco, die nicht schlüssig und endgültig einer Kunstgattung zugeordnet werden können.

Die intellektuelle Auseinandersetzung mit der Problematik dekorativer Malerei findet am aussagekräftigsten in den Gemälden von *Henri Matisse* (1869–1954) statt. Bei ihm herrscht stets ein Gleichgewicht widersprüchlicher Spannungen, das heißt, daß das Verhältnis zwischen Darstellung und Schmuckwerk häufig zugunsten des Schmuckwerks umgekehrt wird.

Wer den Vorwurf erhebt, daß es sich bei Matisse häufig nur um ein Spiel mit ornamentalen Formen handelt, verfehlt die Absicht: Matisse ist ein Künstler, der es ganz bewußt ablehnt, sich mit der Räumlichkeit des Alltags zu befassen.

Auch bei dem Maler *Franz Kupka* (1871–1957), an dessen Flächengliederungen lange herumgedeutet wurde, geht es um ein Ornamentsystem im Bild. So spricht er in seinen Notizen immer wieder von ›Eleganz‹, einem Begriff, der hier erstmals mit Malerei in Verbindung gebracht wird.

Buchkunst des Art Déco

Elegant sind auch die Buchillustrationen und Bucheinbände des Art Déco, die ebenfalls grenzüberschreitend sich zur Malerei hinbewegen. Bei der Buchkunst des Art Déco kann man von einer synästhetischen Kunst sprechen, die einen visuellen wie taktilen Genuß vermitteln soll. Die Vorliebe der zwanziger Jahre für edle, exotische Materialien findet sich hier in reichem Maße. Der Einband besteht fast immer aus Maroquin, dem afrikanischen Ziegenleder, das, geschnitten und eingefärbt, den Titel bildhaft wiedergibt. Langsam wird der Leser, oder besser, der Genießer des Buches auf die Exklusivität des Inhalts vorbereitet, der oft von der Gestaltung übertroffen wird. Die Hand streicht über Wild- und Boxcalfleder, über Seide, wertvolle Hölzer und edle Metalle, Einlegearbeiten, Lacke und Elfenbein. Die Farben sind glänzend oder verschwommen, geheimnisvoll mit Silber- oder Goldflitter belebt.

Krönung eines jeden Buches waren die ungeheuer mühsam gefertigten ›Jaspis- und Marmorpapiere‹. Diese Technik kam aus dem Orient über die Türkei nach Europa. Die wertvollen Koran-Ausgaben, in denen jede bildhafte Darstellung verboten war, zeigen diesen erlesenen Schmuck. Mit den verschiedensten Materialien wie Leinen, Moos, Muschelgold, mit Kämmen, Insektenhaaren und Pinsel wurden diese Papiere hergestellt, die niemals gleiche Muster aufwiesen. Die Druckseiten waren Japanpapier, geschöpftes Bütten- oder Seidenpapier, die Illustrationen Aquarelle, Farblithographien und Holzschnitte, die Initialen wie die Buchseiten häufig goldgefüllt oder mit Lackarbeiten versehen. Eine Vielfalt alter und neuer, aber stets komplizierter und ausgefallener Techniken läßt die als Gesamtkunstwerk entworfenen Bücher zu einem Gesamterlebnis werden. Es ist nur natürlich, daß die namhaftesten Künstler des Art Déco durch ihre Mitarbeit zum anspruchsvollen Niveau dieser Kunstwerke beitrugen; unter anderen Robert Bonfils, Jean Dunand, George Barbier, Jean Goulden, Pierre

FRANÇOIS-LOUIS SCHMIED
Paneel ausgeführt von
JEAN DUNAND
Bucheinband von ›Le Cantique des cantiques‹ (Das Lied der Lieder), 1925, Leder mit Lack- und Eierschalenlack-Paneel.

Oben und Unten
JEAN DUNAND
Bucheinbände von ›Daphné‹ (Alfred de Vigny), 1924, und ›Le Roi des Aulnes‹ (Goethe: Erlkönig), 1904.

Linoissier und François Louis Schmied. Das bemerkenswerte Element der Buchkunst des Art Déco war ohne Zweifel darin zu sehen, daß sie mehr eine Synthese künstlerischer Gestaltung als einen Kommentar zum Text bildete. Der freien Linienzeichnung, der sich die Gestaltung der Buchstaben unterordnet, wird die Kraft der Farbe hinzugefügt – es entsteht, wenn man so will, ein Gemälde.

ERTÉ
Typische Erté-Illustration aus den zwanziger Jahren.

Links
PIERRE LEGRAIN
Bucheinband von ›Au Royaume de la Perle‹ (Léonard Rosenthal), 1925, Ledereinlagen, Gold- und Blindprägung und eingelegte Perlmuttscheibchen.

Erté: Aus dem Nichts zaubert er ein Netz von Paradiesvögeln und Diamanten

Im romantisch-schönen und zugleich großartigen St. Petersburg wurde am 23. November 1892 *Romain de Tirtoff* in der dortigen Schiffsakademie geboren, wo sein Vater Inspektor war. Die Familie stammte von einem tartarischen Fürsten namens Tirt ab. Das Pseudonym *Erté* geht aus den Initialen R T hervor, die früheste Signatur dieser Art stammt aus dem Jahr 1912. Zeichnungen aus St. Petersburg waren signiert mit Romain oder Pitch, einem Kosenamen Ertés.

Die Kindheit Romains war glücklich und komfortabel. Er verbrachte sie im Schoß einer weitläufigen, angesehenen und wohlhabenden Familie. Bestanden seine Verwandtschaft und seine Vorfahren auch weitgehend aus hohen Beamten und Militärs, so war ein Onkel von ihm ein prominenter Architekt und ein Vorfahre aus dem letzten Jahrhundert ein angesehener Bildhauer. Doch lassen sich die frühen künstlerischen Ambitionen Ertés sicher weniger hiervon als von dem überaus regen künstlerischen Leben herleiten, das im St. Petersburg dieser Tage herrschte. Der französisch-russische Freundschaftspakt von 1892 – der Rußland später in den Ersten Weltkrieg involvierte – führte nicht nur zu einer intensiven politischen Zusammenarbeit beider Länder, sondern zu einem ebenso regen Kulturaustausch, der sich auch auf das Gebiet der Mode erstreckte. Der berühmte Couturier *Paul Poiret* (1879–1944), für den Erté später in Paris arbeitete, besuchte die Stadt und begeisterte alle mit seinen Kreationen. Die beiden russischen Geschäftsleute Morosov und Schukin legten eine umfangreiche Sammlung von Matisse, Picasso und anderen Pariser Modernen an.

Am legendären Alexandrinsky-Theater wirkte der große Avantgarde-Direktor Meyerhold, man erlebte die Uraufführungen der Stücke Gogols und Turgenjews. Auf der Bühne des Michaelovsky sah man innerhalb einer einzigen Woche Sarah Bernhardt und Eleonora Duse jeweils in der Rolle der Marguerite in ›La Dame aux Camélias‹. 1911, ein Jahr bevor Romain nach Paris aufbrach, debütierte hier Prokofiev. In diesem Theater sah er auch das gesamte Repertoire der berühmten Imperial Company, auf der das ›Balletts Russe‹ aufbaute. Die jungen Petersburger Künstler fühlten sich vor allem durch Theater und Ballett angeregt, das in Rußland stets einen stark intellektuellen Hintergrund besessen hatte, was die Ausstattung anbetrifft. 1890 gründete Alexandre Bernois, Vater der modernen Bühnenmalerei, eine Vereinigung, die sich ›The Nevsky Pickwickians‹ nannte. Ein junger Jude, Leon Rosenberg, der später den Namen seiner Großeltern, Bakst, annahm, war eines der Mitglieder. Ein anderes Mitglied führte seinen Cousin in die Gruppe ein – *Sergej Diaghilew* (1872–1929). Aus dieser Gruppe ging die Mir-Iskustva-Gesellschaft hervor, Vorläufer der gesamten modernen Bewegung in Rußland. Diaghilew gab auch das Mir-Iskustva-Magazin heraus und initiierte eine Reihe von Ausstellungen, welche in Rußland Werke folgender Jugendstil-Künstler publik machten: James McNeill Whistler, Aubrey Beardsley, Louis Comfort Tiffany, René Lalique, Charles Rennie Mackintosh; außerdem Puvis des Chavannes, Monet, Degas und die Postimpressionisten.

Im Mai 1909 eröffnete Diaghilew die erste Saison des Ballet Russe am Châtelet-Theater in Paris. Zur gleichen Zeit sah Erté das Debut des jungen Nijinsky, der mit der Pavlova in St. Petersburg tanzte. Unter seinen ersten Zeichnungen findet sich eine Gruppe von exotischen, beardsleyähnlichen Kostümen mit der Unterschrift: »Für ein imaginäres Ballett«.

ERTÉ
Ein Meister des erotischen Genres.

Russische Kunst als Inspirationsquelle

Sucht man die Quellen zu Ertés phantastischen, überreichen und exzentrischen Kostümzeichnungen, sind sie ohne Zweifel in Rußland, in der höfischen Umgebung zu suchen, in der er aufwuchs. In der fast monströsen Schönheit der Schlösser Zarskoje Selo und Petershof, dem Prunk bei Hofe und wohl vor allem den im gleißenden Ritual erstarrten Figuren der russisch-orthodoxen Kirche. Eine weitere Quelle war das großartige Eremitage-Museum, das alle namhaften Maler sämtlicher Epochen in seiner Sammlung vereinte. Seine Frauenbildnisse hingegen waren einzig und allein von seiner Mutter beeinflußt, einer slawischen Schönheit mit weißer Haut und blauschwarzen Haaren. Bereits als Kind entwarf er für seine Mutter Kleider – deren Garderobe in St. Petersburg berühmt war. Mit ihr besuchte er die Modehäuser auf dem Nevsky Prospekt. Er füllte ihre leeren Parfumflaschen mit farbigem Wasser, umhüllte sie mit Resten von Spitze und Seide und verwandelte sie so in Ballettänzer.

Sein erster Besuch außerhalb Rußlands galt der Pariser Weltausstellung 1900. Für ein Kind von sieben Jahren mußte ein solcher Aufenthalt einem Märchen gleichen. Nach dieser erlebnisreichen Kindheit war es um so grausamer, als Erté mit dreizehn Jahren in eine Schule eintreten mußte, um sich auf das Abitur vorzubereiten. Die Familie, schon damals in Sorge um seine Zukunft, sah bald ein, daß ein Kind, das sich weigerte, mit Kriegsspielzeug zu spielen, ungeeignet für den Militärdienst war. Man entschloß sich zu einer diplomatischen Laufbahn. Allein die Mutter unterstützte seinen Wunsch nach künstlerischer Betätigung und wollte ihm zu einer Karriere als Porträtist verhelfen. Nach einem Lehrjahr bei dem Maler Ilja Rjepin war die Abreise Ertés nach Paris nicht mehr zu verhindern. Dort zeigte er jedoch keinerlei Neigung, sein Versprechen einzulösen: Architektur und Malerei an der Ecole des Beaux-Arts zu studieren. Statt dessen schrieb er sich an der Académie Julian ein und schloß sich der

Malerklasse unter Jean-Paul Laurens an. Doch bereits nach drei Monaten verließ er die Akademie und suchte eine Anstellung als Modezeichner. Aber erst nach neun weiteren Monaten fand er bei ›Caroline‹ eine Anstellung,

ERTÉ
Für die Gattin des Zeitungsverlegers W. R. Hearst entwarf Erté Kleider und Roben.

Die Fassade der berühmten ›Folies-Bergère‹ in den ›Verrückten Zwanzigern‹.

die ihm – von seiner Begabung überzeugt – Paul Poiret empfahl. Noch im gleichen Jahr wurde Erté Poirets erster Zeichner.

Die Kunst der Modezeichnung – Modezeichnung als Kunst

Nach einer schweren Erkrankung übersiedelte Erté 1914 gemeinsam mit einem Vetter nach Monte Carlo. Dieser, Prinz Nicholas, empfahl ihm, einige Zeichnungen an Harper's Bazar zu schicken. Das erste publizierte Blatt trägt den für Erté charakteristischen Namen: ›Schéhérezade‹. Das Modemagazin, welches wohl alle namhaften Designer seiner Zeit beschäftigte, schrieb bereits im Herbst 1915: »Ertés Zeichnungen sind exklusiv für Harper's Bazar gemacht.« Aufgrund dieser Zusammenarbeit wurde Erté Angestellter William Randolph Hearsts. Von Hearst und den Herausgebern des Magazins wurde Erté immer mit Höflichkeit und Respekt behandelt, und ihnen vor allem verdankt er seine Karriere als Filmdesigner. Als Hearst im Jahre 1931 sein Interesse an Harper's Bazar verlor, beendete auch Erté seinen Kontrakt. Die unzähligen, bis dahin entstandenen Zeichnungen dürfen nicht mit den üblichen Modesketchen verwechselt werden, sondern sind Darstellungen voll von unverwechselbarem Reiz, voller Phantasie und voll dramatischer Effekte.

Bei aller Popularität, die ihm durch Harper's Bazar zuteil wurde, gehörte Ertés Vorliebe dennoch stets der Bühne. Seit seiner Ankunft in Paris hatte er jede freie Minute und soviel Geld, wie er nur erübrigen konnte, Theaterbesuchen gewidmet: dem Russischen Ballett, der Oper und der Music Hall.

Die erste Chance, sein Talent als Kostümentwerfer zu zeigen, bekam Erté von Madame Rasini, einer Pionierin der französischen Music Hall. In der berühmten Revue L'Orient Merveilleux am Fémina-Theater, die Stars Mistinguett und Maurice Chevalier vereinend, sah man neben den phantastischen Kostümentwürfen Ertés auch erstmalig eine der unnachahmlich exzentrischen Frisuren, die nach seinen Anweisungen gestaltet wurden. In der folgenden Zeit arbeitete Erté mit allen Größen des Showgeschäfts; doch wie Jacques Feschotte sehr richtig in der ›Histoire du Music Hall‹ schreibt: »Die Music Hall war bereits brillant zwischen 1900 und 1914, ihren Höhepunkt erreichte sie jedoch zwischen 1919 und 1935.«

GEORGE BARBIER
›L'Hiver‹, Modezeichnung als dekorativästhetisierendes Bild, 1925.

Und auch Erté startete seine lange, erfolgreiche Karriere mit den Folies-Bergères nach dem Ersten Weltkrieg. Ertés Aufstieg zum Ruhm fiel mit dem wirtschaftlichen Aufstieg zwischen 1920 und 1930 zusammen. »Man tut was. Man wird reich«, beschreibt Marvin Barrett die Zwanziger in seinem Buch ›The Jazz Age‹.

Das Refugium eines Exzentrikers

Erté personifiziert in gewisser Weise den Lebensstil der Golden Twenties.

Howard Greer, ein Kostümzeichner in Hollywood, beschreibt einen Besuch 1920 in Ertés Villa in Monte Carlo: »Ertés Villa lag auf einem Hügel, das Casino überblickend, von großzügigen Gärten umgeben. Ein Fiaker holte mich am Bahnhof ab. Ein Diener in grün-weißgestreifter Weste mit schwarzen Satin-Kniebundhosen öffnete das Tor der Villa. Ich wurde in einen enormen lichtdurchfluteten Raum geführt, in dem als einzige Möbel ein großer leerer Tisch und ein Stuhl direkt im Zentrum des schwarzweißen Marmorbodens placiert waren. Die Wände waren mit weit fallenden, weiß-grau-gestreiften Vorhängen bedeckt. Erté trat in den Raum. Er trug einen Hausanzug, der, wie ich glaube, aus Hermelin war. Eine riesenhafte persische Katze umstrich ihn und ging auf mich zu. Prinz Ouroussof, in ein Gewand aus chinesischem Brokat gehüllt, trat majestätisch hinzu ... ›Würden Sie gerne einige meiner Zeichnungen sehen?‹ fragte Erté, und mit einigen Schritten in Richtung der Wand zog er an einer Kordel, und die grau-weißen Vorhänge teilten sich in ihrer ganzen Länge, den Blick auf Hunderte von gerahmten Zeichnungen freigebend, die in präzisen Reihen geordnet hingen. Möglicherweise existierte niemals ein produktiverer und disziplinierterer Künstler als dieser begabte Russe, der seine Tage und Nächte über exotischen, mandeläugigen Frauen, verborgen unter Massen von Pelzen, Paradiesvögeln und Perlen, verbrachte ... Mein Auftrag war, einige Zeichnungen für ihn zu kopieren. Ich arbeitete drei Tage an einer Zeichnung. Als ich nach Monte Carlo kam und sie Erté zeigte, war er nicht zufrieden. ›Wir wollen all unsere Pläne vergessen‹, sagte er milde.«

Kunst als vollkommener Ausdruck des Art Déco

Ertés Technik war so perfekt, seine Farbwahl so subtil, sein Stil so eigenwillig, daß selbst ein begabter Kopist scheitern mußte.

Was seine Revue-Ausstattungen betrifft, ist es schwierig, sich das Endprodukt, die Bühne, vorzustellen. Eine Beschreibung einer seiner besten Shows, ›Manhattan Mary‹, die George White am Majestic Theatre am Broadway 1927 präsentierte: »... aus dem Nichts zaubert er ein Netz von Diamanten, die über nackten Körpern flimmern, wenn die Vorhänge, bestickt mit phantastischen Vögeln, auseinandergleiten oder wenn Vorhänge aus bunten Federn und schweren Pelzen sich heben, ein Harem in verschwommenem Licht auftaucht oder eine östliche Stadt aus Schnee, aus Metall oder Perlmutt erscheint ... Die Körper erscheinen fast materielos, so perfekt sind sie dekoriert, geschminkt, so fragil unter ihren Kronen und Frisuren und ihren Kleidern, die sie zu Nymphen oder Drachen werden lassen.«

So ist die Kunst Ertés ohne Zweifel vollkommener Ausdruck des Art Déco, Ausdruck einer Kunst, über die François Mathey, Direktor des Musée des Arts Décoratifs in Paris, geschrieben hat: »Diese Kunst mag überflüssig gewesen sein, aber von welchem Reiz! Sie spricht für ihre preziösen, wandlungsfähigen Künstler, deren einziges Unrecht es war, die Zeit zu verleugnen und nichts als dem Augenblick zu leben. Aber der Augenblick war charmant, nicht wahr?« (Katalog ›Les Années 25‹, Musée des Art Décoratifs, Paris, 3. März–16. Mai 1966)

Im Geist dieser Formulierung entstand ein weiteres typisches ›Art-Déco-Produkt‹: druckgrafische Gesamtkunstwerke. Sie wurden geschaffen für eine sensible Leserschaft, die schon durch den taktilen Genuß, den ein vollendet gestaltetes Buch vermittelt, angeregt wurde.

Barbier: Illustrationen aus der Welt der Phantasie

Einer der hervorragendsten Vertreter der Buchillustration war *George Barbier*. Am 10. Oktober 1882 wurde der Großbürgersohn in Nantes geboren (gest. 1932). Von frühester Jugend an, schon Jahre bevor er sich 1908 bei Jean Paul Laurens an der Ecole des Beaux-Arts einschrieb, hatte sich der sensible Barbier mit Kunst- und auch Geisteswissenschaften beschäftigt. Er hatte sehr viel gesehen, sehr viel gelesen und nichts davon vergessen. Er selbst bezeichnete seine Kunst als ein ›produit de culture‹. So war er auch ständiger Gast des gegenüber der Ecole des Beaux-Arts gelegenen Louvre.

Seine Vorliebe galt den griechischen und etruskischen Vasen, den Tanagra-Figuren und ägyptischen Grabbeigaben. Weitere Anregungen erhielt er durch das Russische Ballett Diaghilews, für den er in späten Jahren zahlreiche Bühnenbilder entwarf. Sein erstes Auftreten als Illustrator 1911 in der Galerie Boutet de Monvel machte Barbier mit einem Schlage bekannt. 1913 stattete er sein erstes Buch aus und belieferte nunmehr bekannte Modehäuser wie Poiret mit Modellzeichnungen. Er arbeitete für die wohl exklusivste Modezeitschrift, die jemals gedruckt wurde: ›Gazette du Bon Ton‹.

Dem Zeitgeist und Zeitgeschmack entsprechend illustrierte er zumeist Bücher mit erotischen Themen, auch antike Bildungsthemen waren sehr gefragt.

Der Reiz seiner Illustrationen liegt in den Gestalten und ihren Kostümen, die keiner Zeit und keinem Land, sondern nur der Phantasie entstammen. Feengestalten des Art Déco.

Sein Atelier, luxuriös eingerichtet, war Spiegelbild seiner Figurinen. Inmitten des glasüberwölbten Ateliers befand sich ein geschlossener Raum im Raum, ohne Blick ins Freie. Am Fuß eines langen Spiegels stand Barbiers Arbeitstisch, bedeckt mit Federn und Stiften, Näpfchen und Farben. Durch nichts abgelenkt, lebten vor seinen Augen nur die Gestalten seiner eigenen Träume.

PAUL COLIN
Plakatkünstler und ehemaliger Schüler der École des Beaux-Arts in Nancy, um 1930.

›Exactitude‹ – der neue Plakatstil und seine Leitbilder

Die Situation der Gebrauchsgrafik innerhalb der zwanziger Jahre wird markiert von Pionierleistungen, von denen die Werbegrafik bis heute zehrt, und einer dekorativen Modernität, die sich gefällig, anspruchslos, aber konsumfreudig gibt. In der ›Zeitsprache‹ nimmt wiederum Frankreich, der ›Art Déco‹, einen gesonderten Platz ein. *Le Corbusier* (1887–1965), den man immer wieder als Zeugen einer Moderne in Frankreich zitieren muß, verachtete den ›dekorativen Stil‹ seiner Zeitgenossen. In seiner Zeitschrift ›L'Esprit Nouveau‹ wurde der breitgewalzte Scheinkubismus verurteilt. Zugegeben war das gesamte Bild der französischen Gebrauchsgrafik auf modische Dekoration ausgerichtet. Ausnehmen muß man hier Künstler wie *Paul Colin, Jean Carlu, Pierre Masseau,* die die große Tradition des französischen Plakats glanzvoll weiterführten, und vor allem den größten französischen Plakatkünstler dieser Zeit, *Alexandre Mouron,* genannt Cassandre (1901–1968).

PAUL COLIN
›Plus ça change‹ war eine über Jahrzehnte erfolgreiche Revue, für die Paul Colin 1929 dieses Plakat entwarf, auf dem eine Zeitmaschine zu sehen ist, die durch die Jahrhunderte – durch wechselnde Kostüme symbolisiert – führt.

PAUL COLIN
Plakat von 1925. Im ›Fashionable‹ Cabaret ›Au Bœuf sur le toit‹, das Jean Cocteau leitete, spielte das Piano-Team Wiener & Doucet klassische Musik und Jazz.

Cassandre: Der Geometrie und dem Monumentalen verhaftet

Cassandre setzte sowohl dem rein dekorativen Plakatstil wie den sachbezogenen Plakaten des Funktionalismus eine eigene Bildsprache entgegen, die er aus dem malerischen Stil von Léger und Le Corbusier entwickelte. Er fand trotz der Anlehnung an einen Mal-Stil zu einem eindeutigen Plakatstil und schuf damit zugleich einen neuen Werbestil.

»Malerei ist ein Zweck in sich selbst. Das Plakat ist nur ein Mittel zum Zweck, ein Mittel der Kommunikation zwischen dem Verkäufer und dem Kunden ... Man verlangt von ihm (dem Plakatentwerfer), daß er eine klare, gute und genaue Verbindung herstellt« (Cassandre, 1933). Cassandre gelang es, das Wesen seiner Zeit zu stilisieren. ›Exactitude‹, jener Begriff, mit dem die französischen Staatsbahnen für sich werben – jener Begriff, den die besten Plakate Cassandres tragen – könnte als Signum stehen für den Ausdruck einer ganzen Zeit.

Wie Erté von Geburt Russe, war Alexandre Mouron in Charkow geboren, er studierte in Paris und sublimierte in seinen grafischen Arbeiten einen ebenso typischen Ausdruck seiner Zeit wie sein berühmter Landsmann, jedoch einen völlig divergierenden. In seinen Arbeiten spiegelt sich eine Faszination durch alles Technische, die zu äußerst suggestiven Darstellungen führte. Im Gegensatz zur dekorativen Modernität Ertés orientierte er sich an den Leistungen des Bauhauses, des ›Stijl‹, des russischen Konstruktivismus. Die auf seinen Plakaten dargestellten Eisenbahnen, Schiffe, Flugzeuge sind mit bestechender Präzision und einem sicheren Blick für die Strukturenkomposition des gewählten Ausschnitts gestaltet. Cassandre war von der Welt der Technik fasziniert und erkannte, daß die Maschinenwelt, die neue Technologie, bestimmend auf die Lebensgewohnheiten des modernen Menschen einwirkte. Dem optischen Menschen bot sie einen neuen, unverbrauchten Formenkanon an, ein neues Vokabular von Gegenständlichkeit.

A. M. Cassandre in einem Interview, veröffentlicht in L'Affiche im Dezember 1926: »Man hat meine Plakate bisweilen als kubistisch bezeichnet. Sie sind es insofern, als mein Verfahren hauptsächlich der Geometrie und dem Monumentalen verhaftet ist. Die Architektur, die Kunst, die ich allen anderen Künsten vorziehe, läßt mich erschrecken, vor allem die formierenden Sonderformen, und flößt mir die Liebe zur großen, unpersönlich nackten Fläche ein, wie geschaffen für riesige Reklamefresken. Da mir die Form mehr sagt als die Farbe, die Zuordnung der Dinge mehr als deren Einzelaspekte und ich, um mit Pascal zu sprechen, mehr Sinn für das Geometrische als für Feinheiten habe, wäre ich den Anforderungen der Malerei nicht gewachsen. Doch auf dem Gebiet des Plakatentwurfs fühle ich mich aufgrund dieser Veranlagung besonders wohl.«

Aus dem Plakatkünstler des Jugendstils war der Werbefachmann geworden. Reiseplakate, die für luxuriöse Kreuzfahrten auf Luxusdampfern werben, Ankündigungen für Revuen und große Stars, rasende Mobilisten auf Plakaten für Bugatti, Citroën, Mercedes und Horch geben lebendigen Ausdruck davon.

ADOLPHE MOURON,
genannt A. M. CASSANDRE
Plakate für französische Eisenbahnlinien, 1929. Auf seinen Reiseplakaten setzt er Geschwindigkeit in dynamische Graphik um.

JACQUES BRANGEA
Anzeige für das Parfum ›Crêpe de Chine‹ aus ›L'Illustration‹, 1933.

ADOLPHE MOURON,
genannt A. M. CASSANDRE
Plakat für Dubonnet.

Das Gestaltungsprinzip der zwanziger Jahre in Deutschland und Österreich

Deutsche und österreichische Plakatkünstler, die bereits um die Jahrhundertwende die ›sachliche‹ Richtung vertreten hatten, setzten sich auch nach dem Ersten Weltkrieg durch. Diese Künstler hatten sich ganz auf den Plakatentwurf spezialisiert und schlugen daher die gesamte Konkurrenz aus dem Feld. *Ludwig Hohlwein* (1874 bis 1949) ist Beispiel hierfür. Seine grafisch exzellenten, in Form und Farbe originellen Darstellungen, die das Thema zugleich elegant und unkonventionell behandelten, haben vorbildlich auf dem Gebiet der Plakatkunst gewirkt. Hohlwein gehörte zu den Mitbegründern der modernen Gebrauchsgrafik. Er verstand sich als Reklamefachmann und bediente sich bereits der Methoden der modernen Werbepsychologie. Er appellierte an Prestigebedürfnis und nationale Wertvorstellung des Konsumenten, verbunden mit Sachlichkeit in Form und Inhalt.

Im Gegensatz zu den auf allen Gebieten und nur unter anderem als Gebrauchsgrafiker arbeitenden typischen Jugendstilkünstlern gehörte *Hans Rudi Erdt* (1883–um 1918) zu der ›neuen Generation‹ der ausschließlich als Reklamekünstler hervorgetretenen Grafiker der Jahrhundertwende. Die stilistische Eigenart Erdts, seine Figuren in karikierender Weise flächenhaft zu stilisieren – eingebunden in geometrisch gestaltete Muster –, wirkte hervorragend auf die deutsche Plakatkunst der zwanziger Jahre.

Ebenfalls zu den wichtigsten Werken deutscher Plakatkunst von 1925 gehören neben den großartigen Entwürfen *Lucian Bernhards* die schlichten und großflächig konstruierten Plakate *Oskar Hadanks*.

Mit der Gründung der Hochschule für Gestaltung des Bauhauses Dessau trat in Deutschland 1925 ein entscheidender Wandel in Grafik und Malerei ein. Die ›alten‹ Meister – jene nämlich, die es schon in Weimar gewesen waren – unterschieden sich von den ›Jungmeistern‹ nicht zuletzt dadurch, daß sie primär Maler gewesen sind. Auch die ›Jungmeister‹ haben, mehr oder weniger, gemalt und gezeichnet, aber ihre künstlerische Entwicklung und Bedeutung hat sich nur zum Teil in freien bildnerischen Arbeiten gespiegelt. *Feininger* (1871–1956), *Kandinsky* (1866–1944), *Klee* (1879– 1940), *Moholy-Nagy* (1895–1945), *Muche* (geb. 1895) und *Schlemmer* (1888–1943) hingegen haben das für ihre Entwicklung Wesentliche mit autonomen künstlerischen Mitteln formuliert. Trotzdem war die Malerei im Bauhaus während dieser Jahre nur ein Randphänomen.

Beispielsweise wurde die Werkstatt für Druckerei in eine Werkstatt für Typographie und Werbegrafik umgewandelt. Der Druck künstlerischer Grafik war nicht vorgesehen. Von 1925 bis 1928 leitete *Herbert Bayer* (1900–1990) die Werkstatt; er hatte sich bereits während seiner Studienzeit am Weimarer Bauhaus mit typographischen Gestaltungsfragen auseinandergesetzt. Bayer verarbeitete die Anregungen, die damals von den Dadaisten, von *Theo von Doesburg* (1833–1931) und von Moholy-Nagy ausgingen, mit untrüglichem Empfinden für das spezifisch Drucktechnische. Schriftbild und Satzspiegel wurden von dem Pittoresken, das ihnen eine allzu reichliche Verwendung typographischer Zeichen (bei Moholy-Nagy waren es vor allem Hervorhebungen durch Balken) verliehen hatte, befreit. Zu den Charakteristika von Bayers Layouts in der Dessauer Zeit gehörten schlagwortartige Hervorhebungen durch andersfarbige Unterdrucke, die Einbeziehung fotografischer Abbildungen (die mitunter in unrealistischer Farbe wiedergegeben, also ›verfremdet‹ sind), und vor allem ein nachdrückliches Bemühen um eine suggestive Textgliederung, die kompositionell ordnen und zugleich inhaltlich ›aussagen‹ sollte; so versteht sich das gelegentlich angewandte Kunstmittel der Drehung einzelner Textzeilen um 90 Grad. Diese für die Zeit um 1925 unerhört neuartige Gestaltungsweise hat sich allgemein bemerkenswert schnell durchgesetzt.

Im Sinne des Gestaltungsprinzips der zwanziger Jahre wäre auch die Werkstatt für Weberei in Dessau der Malerei und Grafik zuzuordnen. Die künstlerische Leitung lag bei Georg Muche, technische Leiterin war *Gunta Stölzl* (1897–1983). Zwar standen die Arbeiten nicht mehr oder zumindest weniger im Zeichen künstlerischer Improvisation als in Weimar, dennoch machte sich der Einfluß abstrakter wie konstruktivistischer Malerei deutlich bemerkbar.

Plakatkunst der Wiener Werkstätte

Die Musterornamentik der 1903 gegründeten Wiener Werkstätte hatte sich bis zum Ende der zwanziger Jahre gehalten, und der nach dem Ersten Weltkrieg wieder nach Wien zurückgekehrte *Julius Klinger* (1876–1950) setzte diese Richtung auf breitester Ebene durch. Auch hier hatten die Kunstausstellungsplakate ihre einstmals führende Rolle eingebüßt, Plakate für Warenhäuser und Industrieprodukte traten an ihre Stelle.

Ein betont künstlerischer Plakatstil wurde damals fast ausschließlich von *Dagobert Peche* (1887–1923) vertreten, seine schmuckhaft-dekorative Gestaltung, sein raffinierter Linienrhythmus, die von ihm so gern verwendeten lanzettenförmigen Blätter und die dekorative Auflösung der menschlichen Figur haben die gesamte außerösterreichische Entwicklung des Kunstgewerbes sehr stark beeinflußt. Doch bald schreibt Julius Klinger in seinem Buch ›Poster Art in Vienna‹: »Nur die demokratische Internationalisierung der Künste mit Hilfe der Fotomechanik sichert ihnen den Fortgang in der Zukunft.«

Fotografie: Träume, schöner als die Wirklichkeit

In die Plakatkunst ist als neue Erfindung die Fotomontage eingeführt worden, die sich in Rußland unter dem Einfluß von El Lissitzky, Tatlin, Rodtschenko zu einer einzigartigen Kunstform entwickelte. In Plakaten und Buchumschlägen wird sie zum Ausdruck des politischen Engagements. In Deutschland schließt *John Heartfield* (eigtl. Helmut Herzfeld, 1891–1968) an diese neue Form der engagierten Fotomontage an. Auch Moholy-Nagys Fotomontagen müssen in dieser Reihe kritisch engagierter Arbeiten genannt werden, ebenso die Schadographien *Christian Schads* (1894–1982). Gleichermaßen wie die Fotogramme von Man Ray visieren sie eine neue Möglichkeit des fotografischen Bildes ohne Benutzung der Kamera an. Auch diese Experimente wurden zum Teil zur Gestaltung mitherangezogen und von Lissitzky sogar in einem berühmten Plakat verwendet (Pelikan), hatten aber im Grunde mehr mit abstrakter Malerei zu tun als mit dem Medium Fotografie, obwohl sie für Moholy den Schlüssel zur Fotografie darstellten. Die magischen Lichtzeichen zeichneten abstrakte Bilder auf lichtempfindliches Papier. Ebenso empfindet man die Fotomontagen, die Moholy-Nagy und Herbert Bayer als künstlerisches Medium sahen, eher der freien Kunst zugehörig. In ihnen lag eine Fülle von Anregungen für die Werbefotografie der nächsten Jahrzehnte. Wenn Moholy aber in der Anlage seiner Fotomontagen immer den konstruktivistischen Aufbau erkennen läßt, haben die Fotomontagen von Herbert Bayer ihre Parallele direkt im veristischen Surrealismus. Bayer kombiniert – ganz in der Art surrealistischer Malerei eines Max Ernst, Tanguy oder Dali – Gegenstände miteinander, um »durch Annäherung von zwei scheinbar wesensfremden Elementen auf einen ihm wesensfremden Plan die stärksten poetischen Zündungen zu provozieren« (Max Ernst). Nicht zufällig wurde für Dalis Malerei der Begriff der ›handgemalten Traumfotografie‹ gefunden.

Mode- und Porträtfotografie

So hat die immer mehr an Dominanz gewinnende Fotografie häufig ihre Entsprechung in den vorherrschenden Richtungen der Malerei. Auch im ›Art Déco‹ spielt die Fotografie eine in vielen Bereichen die Grafik verdrängende Rolle. So steht in den zwanziger Jahren beim Publikum eine ganz andere Art von ›Künstlerfotografie‹ hoch in Kurs: die Mode- und Porträtfotografie. Auch sie

MAN RAY
›Kiki‹, die Freundin Man Rays, 1926.

lag in den Händen von Meistern, und sie gab der Epoche den (falschen?) Glanz, nach dem sie sich sehnte. Zeitgeschichte spiegelt sich auch in diesen Bildern. Kunst und Künstlichkeit sind hier identisch. Wenn wir an diese ›Szene‹ denken, an den Glamour der ›Roaring Twenties‹, dann steigen diese Fotos vor uns auf, und wir lassen sie alle vor uns Revue passieren: die Idole zwischen Krieg und Krieg, die Filmstars, Lieblinge des Publikums, die Künstler, Literaten, Theaterleute. Auf diesen Fotos posieren sie alle für uns – bekannt jeder von ihnen. Für das anonyme Gesicht war hier kein Platz. Ihre Bilder erschienen in ›Vogue‹, ›Look‹ und ›Vanity Fair‹. In ihnen liegen die Träume einer Epoche verborgen und doch: Über allem Glamour liegt sanfte Melancholie, Resignation unter dem Strahlen verborgen.

In der Ausschließlichkeit, mit der die Häßlichkeit verdrängt wird, liegt zugleich wiederum ein Teil der Wahrheit dieses Jahrzehnts. So repräsentieren die Porträts der Berühmtheiten die Träume dieser Epoche – nicht ihre Wirklichkeit.

Die beiden Jahrzehnte, die uns hier beschäftigen, haben den Star erst kreiert und das Starbewußtsein im Publikum geweckt. Die Stars wurden Leitmotive für Schönheit, Luxus, Überfluß.

In diesen Jahren begann auch der Film – zweifelsohne der Höhepunkt der esoterischen Entwicklung in der Fotografie – auf die Massen Einfluß zu nehmen. Die Idolisierung, wie sie Rudolpho Valentino und Marlene Dietrich (diese vor allem in den Filmen, die Josef von Sternberg ab 1930 mit ihr gedreht hat) zu Lebzeiten erreichten, war ohnegleichen.

Totes und lebendiges Requisit waren hier von ähnlich schöner Einmaligkeit. Die Sensibilität in der fotografischen Erfassung origineller Dekors wird aber auch deutlich bei einzelnen Tanz- und Historienfilmen jener Zeit. Die Brillanz war anscheinend keine Verschwendung, sie konnte noch mit einer gleichgerichteten Sehempfindung bei den Betrachtern rechnen.

›Das schöne Bild vom Menschen‹

So entstand in dieser Zeit das, was man das ›schöne Bild vom Menschen‹ nennen könnte. Eleganz der Kleidung und der Attitüde ist durchgehendes Stilmerkmal. Die meisten Porträts huldigen einer distanzierenden Vergeistigung, die bei den Frauen in einem elegisch in die Ferne gerichteten Blick ihren Ausdruck findet.

Alle Fotos dieser Berühmtheiten aus Film, Malerei, Literatur und Theater haben etwas gemeinsam (ohne dabei allerdings den individuellen Stil eines jeden Fotografen schmälern zu wollen): Souverän scheinen ihre Protagonisten über den Alltäglichkeiten des Lebens zu stehen. Wie alle, die der Traumfabrik entstiegen, veranschaulichen sie die Illusion einer heilen Welt zwischen Krieg und Krieg.

Seite 228
PAUL TANQUERAY
Portrait von Cecil Beaton, um 1930. Der Einfluß des Surrealismus wird in der Bildkomposition spürbar.

Erfinder dieser Welt des Schönen ist *Baron Gayne de Meyer* gewesen, ein exzentrischer Engländer, den Cecil Beaton den »Debussy der Kamera« nannte. Im Gegenlicht erscheinen seine Modelle schön und rätselhaft, umgeben von einer Aureole von Licht.

Zu den großen Porträtisten und Modefotografen der zwanziger und dreißiger Jahre gehört aber vor allem *Edward Steichen* (1879–1973), der 1923 mit seinen ersten in ›Vogue‹ erscheinenden Modefotos die Gattung schlagartig veränderte und Baron de Meyers Stern zum Verlöschen gebracht hat. Steichen hatte seine ersten Modefotos 1911 im ›Art et Décoration‹ mit Kleidern von Paul Poiret veröffentlicht. Sie sind noch ganz im Stil der ›Picturial Photography‹ gemacht und weit davon entfernt, modedokumentarischen Charakter zu haben. Inspiriert wurde sein Stil der zwanziger Jahre durch die ›Exposition Universelle‹ in Paris (1925), die dem Stil des Art Déco zum Durchbruch verhalf und als Modernismus zum Lebensgefühl der Zeit gehörte. Der Art Déco veränderte Steichens Auswahl für das Ambiente, in das er seine Modelle stellte. Der Hintergrund wurde einfacher, pompöser Historismus ist durch den einfachen funktionellen, aber eleganten Stil von Art-Déco-Möbeln ersetzt.

Steichen suchte sich auch die Mannequins aus, mit denen er am liebsten arbeitete. Sie mußten Chic haben – Chic war wichtiger als Schönsein.

Mögen manche dieser Modefotos vielleicht für den Historiker nicht jene Würde und Meisterschaft haben, um in die Geschichte der Fotografie aufgenommen zu werden: Für die Dokumentation des Zeitgefühls spielen sie eine bedeutende Rolle. Alle Porträt- und Modefotos haben etwas gemeinsam: Sie unterliegen einem Zeitspiegel. Sie sind ein wenig verklärt. Sie sind idealisiert und wirken auf ihre Weise dennoch verlassen. Glamour und Leere, das Wissen, daß die Dekoration letztlich nicht das Leben ist, werden in diesen Fotos sichtbar, vor allem aus der historischen Distanz, die uns erlaubt, auch den anderen Teil der Wahrheit wahrzunehmen. Jede Epoche hat den Glamour, den sie verdient – um es abgewandelt zu sagen. Und so war der Glamour der zwanziger und dreißiger Jahre vielleicht etwas vom Bezeichnendsten dieser widersprüchlichen Epoche.

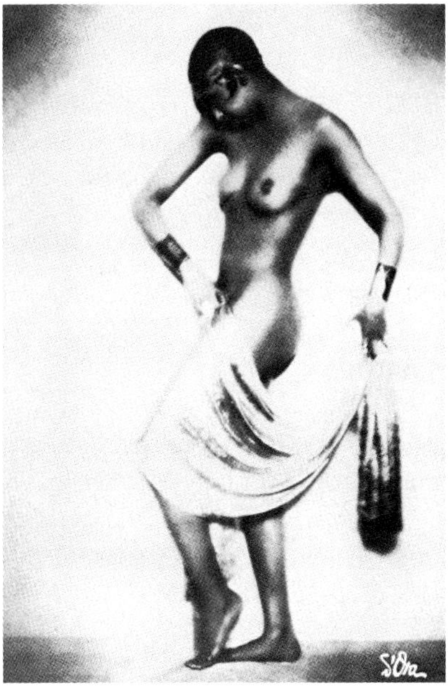

D'ORA *Josephine Baker, Paris um 1925. Die gefeierte Tänzerin trägt ein ›geometrisches‹ Armband von Jean Dunand.*

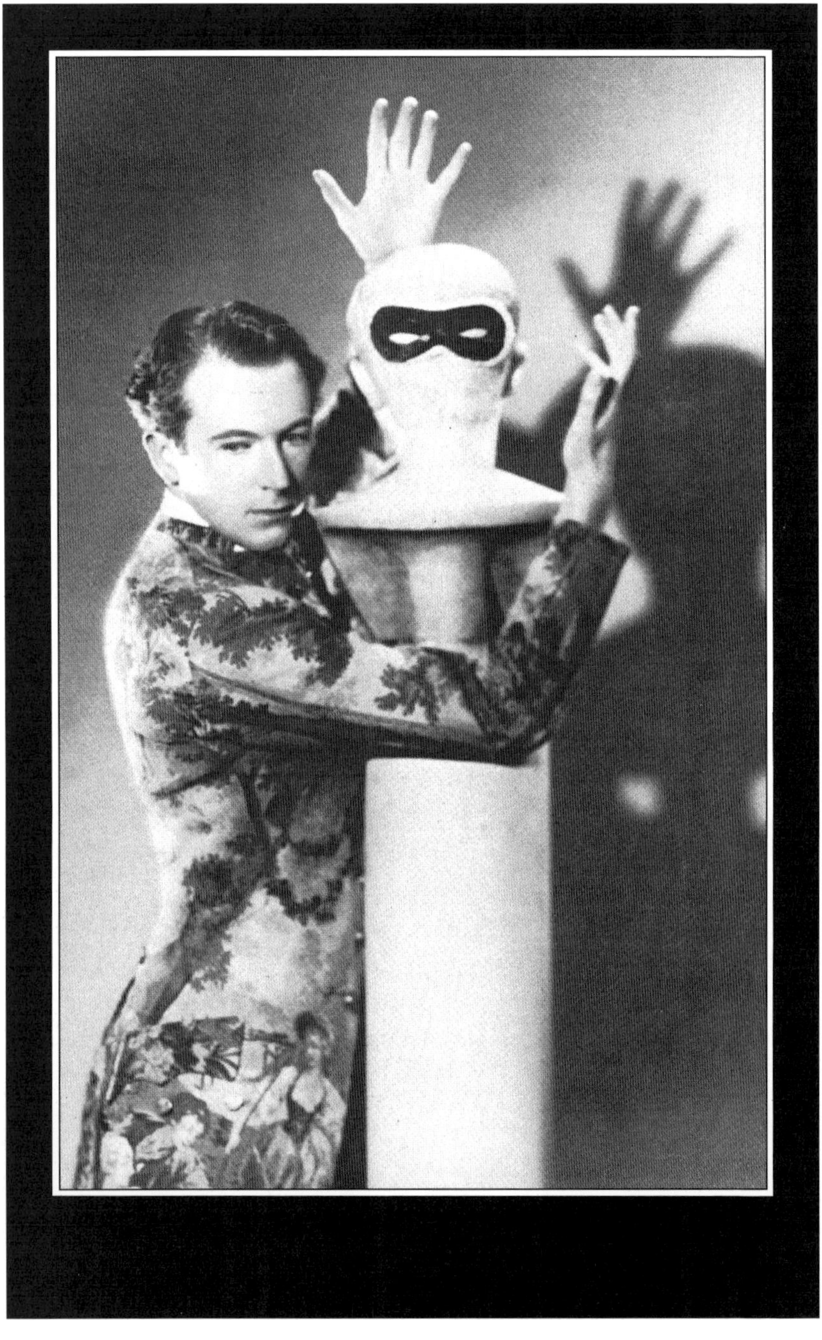

ANHANG

Bibliographie

Arwas, Victor, *Art Déco,* London 1981

Baroni, Daniele / D'Auria, Antonio, *Josef Hoffmann und die Wiener Werkstätte.* Stuttgart 1984

Bayer, Patricia, *Art Déco Interieur, Raumgestaltung und Design der 20er und 30er Jahre.* München 1990.

Bonneville, Françoise de, *Puiforcat.* Paris 1986

Borsi, Franco, *Dall' Art Déco al Novecento.* Florenz 1983

Bouillon, Jean-Paul, *Art Déco,* Stuttgart 1989

Camard, Florence, *Ruhlmann.* London – New York 1984

Chapon, François, *Mystère et splendeurs de Jacques Doucet.* Paris 1984

Collomb, Michel, *Les Années folles.* Paris 1986

Dewiel, Lydia L., *Schmuck vom Klassizismus zum Art Déco.* München 1979

Duncan, Alastair, *Art Déco Furniture, The French Designers.* London – New York 1984

ders., *American Art Déco, Kunst und Design der 20er und 30er Jahre in Amerika.* München 1986

ders./de Bartha, Georges, *Jugendstil und Art-Déco-Bucheinbände.* München 1989

Garner, Philippe, *Emile Gallé.* München 1979

ders., *Twentieth Century Furniture*, London – New York 1980

Gary, Marie-Noël de, *Les Fouquet, bijoutiers et joailliers à Paris, 1860 – 1960.* Paris 1983

Günther, Sonja, *Josef Hoffmann.* Karlsruhe 1972

Haftmann, Werner, *Malerei im 20. Jahrhundert.* München 1979

Haslam, Malcolm, *Art Déco.* London – Sidney 1987

Heuser, Hans-Jörgen, *Französische Keramikkünstler um 1925.* Hamburg 1977

Hillier, Bevis, *Art Déco.* London 1968

Kjellberg, Pierre, *Art Déco, les maîtres du mobilier.* Paris 1986

Kery, Patricia, *Art Déco Graphics.* New York 1986

Krekel-Aalberse, Annelies, *Jugendstil und Art Déco Silber.* München 1989

Lajoix, Anne, *Le céramique en France 1925 – 1947.* Paris 1985

Maenz, Paul, *Art Déco.* Köln 1974

Marcilhac, Félix, *Art Déco 1925.* Rennes 1984

Neuwirth, Waltraud, *Die Keramik der Wiener Werkstätte, 1920 – 1931,* Band I. Wien 1981

Mouron, Henri, *A. M. Cassandre, affiches, arts graphiques, théâtre.* Genf – München 1985

Raulet, Silvie, *Schmuck Art Déco.* München 1985

Schweiger, Werner J., *Wiener Werkstätte: Kunst und Handwerk 1903–1932.* Wien 1982.

Spencer, Charles, *Erté.* London 1971

Ausstellungskataloge

Berlin:
Tendenzen der zwanziger Jahre. Berlin 1977

Mailand:
Anni Trenta, Arte e Cultura in Italia. Commune di Milano. 1986

New York:
Jean Dunand. New York 1985.

Tokio:
Modernism and Craftsmen, the 1920's to the 1930's. The National Museum of Western Art. 1987

Zürich:
Die zwanziger Jahre – Kontraste eines Jahrzehnts. Zürich 1973

Bildnachweis

Verleger und Autoren bedanken sich bei den Fotografen und Institutionen für die Zusammenarbeit und das zur Verfügung gestellte Fotomaterial, insbesondere bei dem Auktionshaus Christie's/New York, Maître Claude Boisgirard/Paris, den Galerien Haas/Zürich und Vogdt/München.

Albrecht Bangert 5, 10, 11, 14, 17, 18, 19, 22, 25, 26, 28, 30, 31, 34, 35, 37, 43, 50, 55-59, 62, 63, 65, 67, 73-80, 82-88, 94-97, 105-115, 120, 122, 123, 125, 128-130, 138-141, 147, 149, 154, 157, 161, 163-165, 171, 174-177, 181, 183, 216, 217
Maître Claude Boisgirard 36, 39
Christie's 20, 22, 26, 27, 29, 40-42, 66, 72, 81, 100, 150, 153, 158, 159, 162, 170, 178, 179
Galerie Walter Haas 126, 190, 191, 195
Heyne Verlag 32, 132-134, 160, 198-200, 205
Galerie Marcel Fleiss 84, 85
Galerie Stefan Vogdt 64, 70, 71

Umschlagfotos:
Vorderseite:
Le Corbusiers »Chaise Longue«, 1928/29 (Robert Descharnes, Paris); Glasvase von René Lalique (Lewis Kaplan, London); Auto-Portrait von Tamara de Lempicka, 1925 (Privatsammlung); Brosche aus farbigem Glas und gestanzten Metallteilen (Galerie Osiris, München)
Rückseite:
Brosche von Dusansoy (Günther Lotze)

Register

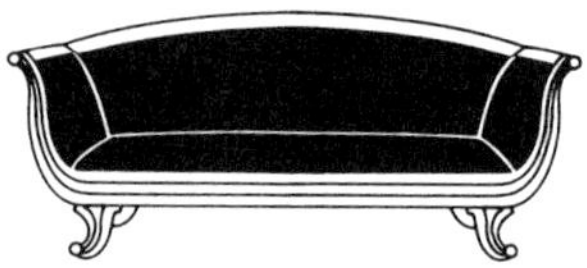

LE TEMPS DE
Cartier

JADER BARRACCA
GIAMPIERO NEGRETTI · FRANCO NENCINI
ARMBAND-UHREN
Die schönsten Sammlerstücke
HEYNE